人生は
タネと
しかけで
どうにでも
なる!!

マジシャンが教える人生好転術

ミスター・シン

MAP出版

Mr.Shin

はじめに

僕は「マジック」と「ものまね」で長らく生きてきた。

二つの「芸」が僕の身についたのは本当によかったと思っている。

マジックで人をビックリさせ、ものまねで笑ってもらっている。

ただそれだけ。

そう、それだけなのだけれど、僕は読者のみんなにも、その二つの「スキル」を身につけてもらいたいと心から願っている。

どうしてかって？

理由は、「人生がつらいとき、きっと救ってくれるから」と言いたい。

「自分ができるからって、やれって言うな！」と思うのはしょうがない。

耳をふさがれてもいいけれど、本書を買って読んでくれたみんなには、少しは気になってくれたという前提で、全力で僕の思いをこれから伝えたいと思う。


世の中はやはり「お金が」とか、「人脈が」とか、「親が立派じゃなければ無理だよ」とかいろいろ思うこともあるだろう。

僕はそうは思わない。

なんにもなくても、誰よりも目立たなくても「幸せに生きる」。

それをできることが何よりだと思っているから。


毎日「人間関係」「お金」「仕事」「プレッシャー」などが頭によぎって生きるのがつらい人は多いことだろう。

人に何かを求めたい、どうにかしてほしい、そんな「魔法」や「マジック」があればいいと、願ってばかりの人生の人は多いと思う。

そのことも否定しない。

僕もそんな気持ちで生きてきたから……。

しかし「それでは何も起こらない」「天から何も降ってはこない」。

そう気づいてくれたからこそ、今本書を手に取ってくれていることだろう。


そう、気づいてしまったなら、何をすべきかって考えると思う。

そんなとき、ひとまず「マジック」と「ものまね」をやってみてほしい。

ふざけてはいない。

本気だ。

もし、僕のお店に来てくれたら、
目の前でどうしてかってわかってもらえるように披露もする。
宣伝したくてそう言っているわけではない。

何をしていいか、そんなことで思いをめぐらせて、何もしないでいるならばってこと。

お金を貯めてからではない。

資格を取得してからでもない。

自分の悩みが解決してからでもない。

今すぐ、少しだけ「マジック」と「ものまね」を身につける努力をしてもらって、そして、
誰かの目の前で披露してほしい。

だまされることもちょっと大切。
そんな実感を持ってもらえるかなと思っている。
無駄なメッセージを伝えていないことをわかってもらえると思う。

Don't Dream It's Over.

二〇二四年七月

ミスター・シン

人生はタネとしかけでどうにでもなる!!／もくじ
マジシャンが教える人生好転術

第一章 生きていればきっといいことがある!

第二章 今の自分を変えるマジック

第三章 成功へ導くマジック

第四章 豊かさを引き寄せるマジック

第五章 出会いを変えるマジック

第六章 人生が変わるマジック

装　丁　石井香里
校　正　鷗来堂
編　集　小田明美

第一章

生きていれば
きっといいことが
ある!

身体に刻まれたつらい思い出は、映画のワンシーンのようによみがえる

ほんと疲れたよ。

こんなことに耐えるのは。

どうしてこんなことになるのだろう。

このままだと死んじゃう。


幼少期の僕は、毎日毎日こんな思いをめぐらせていた。

養護施設で妹と暮らす生活をしていたからだ。

生活は本当にひどいものだった。

一緒に暮らしている子どもたちからだけでなく、施設の大人にもひどくいじめられた。

養護施設内の牢屋《ろうや》のようなところへ入れられたり、くさったごはんを出されたりもした。

今でも鮮明に覚えているのは、ある寒い日、僕は背中をベルトか何かでぶたれて、妹と二人

で施設から逃げ出したこと。

なぜ、ぶたれたのか理由は覚えてはいない。

背中がみみずばれになり、とても痛かったことだけは覚えている。

そして、どこへも行く当てがなく、気がつけば田んぼの中に二人でいた。

夕方になるとだんだん暗くなり、なんと雪が降ってきた。

妹とこんな会話をした。

「お兄ちゃんこのままだと死ぬね」

「うん、死ぬね」

服はずぶぬれなので身体は冷たくなってしまった。

目の前の田んぼには、わらがあるではないか。

裸になってわらの中に入ることを思いついた。

よかった、わらは暖かい。

あのとき、服のままでいたら、本当に死んでしまっていたかもしれない。

明け方頃になり、やっと「大丈夫か～」とおまわりさんが自転車で通りかかってくれた。

「やったー、助かったかも」と思った途端に意識が途切れた。

気がついたら、妹と病院にいた。

あのとき食べた病院のごはんがとてもおいしくてたまらなかった。


不思議なことに、こういったつらい思い出は、細切れで、一部だけ鮮明に覚えている映像が心の中に保存されている。

幼少期はいじめとか嫌なことばかりの毎日だった印象しかない。

本当につらかった証拠だったと思う。

読者のみんなにもつらい日々のワンシーンが身体に入り込んでしまっている人は多いと思う。

つらさの違いは問題ではない。

つらかった、悲しかったということが共通しているだけで、僕には本当によくわかる、手を取ってあげたくなる。


けれど、この頃の記憶は、今では本当にあいまいになっている。

思い出すだけでもつらいのに、テレビでいじめの場面を見たり、まったく別なつらい思いをしていることに思いをめぐらせたりしたときに、自分の身体からあのときの映像がヌッとわきあがってくる。

自分の身体にすみついているトラウマだと思う。

いじめる人の心を変えたマジックの奇跡

その後もつらい日々が続いていくのだけれど、ある日、養護施設にマジシャンがやって来た。

みんなで広場に座ってマジックを見物。

年齢も背丈も小さかった僕は一番前の端に座らされた。

マジシャンの手元や動作が見える位置だった。

ショーが終わったら、いつも僕をいじめていた子が、

「あのマジックどうだった？　（タネが）見えた？」

と話しかけてきた。
そのときほど、ちょっとした優越感を抱いたことはなかった。
そしてなぜだか、そのときから、しばらくはいつものいじめがなくなった。
施設の大人もニコニコ、どうも何かが変わったようだ。

マジックって人を幸せにする？

マジックをみんなで見たことで、施設の雰囲気が一変した。
僕は、仲間からも先生からもいじめられなくなった。

あれは何だったのかな、どうしてだろうか……。

大人になってからも、僕の心の中に、いつまでもあのマジックの思い出が鮮明にずっとあった。

僕は今大阪に住んでいる。

生まれは島根県、父も母も韓国人、つまり僕は在日韓国人ということになる。

昔は「チョーセン」と呼ばれていた。

しかし、朝鮮人だと知ったのは、小学校に入ってからで、ある日小学校に行ったら「朝鮮人は帰れ！」と書かれた紙が机の上に置かれていて、そのとき初めて自分のことなのだと知った。

あの頃は日本中、朝鮮がふるさとの人はいじめや差別の対象だった。

僕も当然いじめられていて、今では考えられないけれど「臭いから寄らんといて」と言われたこともある。

そう、そのときから、僕は学校に行けなくなってしまった。

あれは小学二年生のとき。

父が事故にあい働けなくなっていて、母は地元の缶詰工場で働いていた。

母は一家の大黒柱だったのに、「朝鮮人だから」という理由で突然解雇されてしまった。

生まれ故郷の島根でこんな差別があってからは、働き口がもう見つけられなくなって、母は大阪に出稼ぎに行くことになった。

昭和四〇年あたりのことだ。

そのときに初めて僕と妹は養護施設に行くことになった。

母が出稼ぎに行く日、僕たちは、

「お母ちゃん、行かんといてー」

と泣きながら駅で電車を追いかけたこともまざまざと覚えている。

あのとき、母は背中を見せたままで、なぜか一度もこちらを振り向かなかった。

どうして、あんなに子どもから引き留められていても、母は振り向いてはくれなかったのだろうか。

当時まだ二十四歳の母、僕と妹を島根に残して働きに行くのは本当につらかったことだろう。

だけれど、僕たちはあまりにも小さかった。

母の気持ちがわからないまま、取り残されたことが悲しくて、電車が行ってしまった後も線路の脇でずっと泣きじゃくるしかなかった。


お母さんとずっと一緒にいたい。

さみしい。

その思いでしゃがみこむしかなかった。

悲しい別れの思い出、そんなことで心がむしばまれる。

それも長い間。

読者の皆さんも同じような「さみしさ」で押しつぶされる気持ちになることはないだろうか。


それから、母は、半年後には大阪から戻って来て、二日間だけ僕と妹と過ごしてくれた。

そしてまた大阪に働きに行く生活となった。

だから母が施設に会いに来てくれると、

「今度はいつまでおるの？」

と母の顔を見た途端、何より初めにこの言葉を口に出していた。

「母親と暮らしたい」という気持ちも、もちろんだったけれど、やはり養護施設での、ああいったいじめが本当にひどかったから助け出してもらいたかった。

子どもが抱く将来の夢は周囲の働く人から

いじめが少しはマシになった養護施設での暮らしの日々もようやく二年がたった。ある日、母親がいつものように面会に来た。


「今度はいつまでおるの？」

「今度はずっとおるよ。一緒におるよ」

嬉しくて嬉しくて、急いで妹を呼びに行った。

「お母ちゃん、ずっと僕たちと一緒にいてくれるって!!」

妹の手を取って走って母のところへ戻ったあのときほど本当に嬉しかったことはない。

そして大阪に行くために養護施設を出た日、施設の大人たちに向かって、

「長い間お世話になりました。今日で皆さんとお別れです。今度は家族で大阪に行きます」

と、優越感いっぱいであいさつをしたことも忘れられない。

大阪に母親と妹と三人で行ったのには理由がある。
父親は事故で身体が不自由になっていて、働くことができなかった。
まわりの人にねたまれていたことがあったため、おそらく誰かにやられたのだろう。
そして母は子ども二人の面倒で精一杯だったのだと思う。
父は歩行も困難になり視力も落ちていった。
結局、父とは別居せざるを得なかったんだと思う。

とはいっても、父との思い出はちゃんとある。
まだ父が元気な頃、夜の道を肩車してもらった。
そしてバイクのうしろに乗せてもらったとき、マフラーで左足を大やけどした。
そのときのことも映像で覚えている。

そして僕には、右手に傷がある。
二度も手術をした。
麻酔が効いていき意識が遠のくときに母と父がそばで見ていたのも覚えている。

父はもう一緒には暮らすことにはならなかったが、母と妹と僕の三人で始まった大阪での生活、しかし都会に行けばないだろうと思っていた差別はべっとりあった。

僕は名字で朝鮮人であることがわかる。

大阪弁もしゃべれない。

勉強もできない。

結果、学校では孤独で孤立してしまった。

母は夜の仕事をしており、夜は妹と二人きり。夜中に何度もパニックで呼吸ができなくなり、救急車で運ばれたりもしていた。


環境を変えてもつらいことには変わりない。

本当はどうだったらよかったのだろうか。

自分では選ぶことはできない暮らしの環境。

「鏡の法則」という考え方があるけれど、いくら鏡を見ても自分が原因と思えることなんて思いつかないほどのつらいことってある。環境から逃れられないのだから。

母の立場にしたって同様だ。

これまでのひどい環境をののしって生きてきたわけではない。

歯を食いしばって、なんとか生き抜き、ただそこの場所で暮らしているだけなのに。


読者の皆さんにもどうしようもない環境を経験した人もいるだろう。


僕は言いたい。

あなたのせいではない。

あなたの何かが理由ではない。

しょうがないとあきらめることはない。

では何が救ってくれるのかといっても残念ながら答えはない。

空を飛べたりしたら逃げ出すことはできただろうけれど、何か風雪にたえることに近いのだろうか。

つらいものがどっかへ行くまで、わらの中で裸で寒さをしのいでいたときのように、きっと誰かに助けてもらうことができる。

じっと何かが変わることを待つしかないときはある。


それでも、なんとか学校には、はいつくばってでも通った。

勉強が面白くないのだから、もちろん成績も悪かった。

けれど、「歌」だけは普通の人よりはうまいことに気がついた。

何より歌うことが大好きだったからだ。


「もしかして歌手になれるかも!!」


子どもの頃は、テレビに出ている人に憧れたりする。

誰にでもある。

そんな単純な動機でも小学校の卒業アルバムには堂々と、

「歌手になる」

と書いていた。

そんな僕を見て、十三歳のときに、母親が知り合いに頼んで、なんと吉本興業へ入ることができた。

昭和四十六年頃のことだ。

母親が、夜の仕事をしていた関係で、芸能関係者に知り合いも多かった。

あるミュージックスクールで、森本英世さんという、のちの敏いとうとハッピー&ブルーのメンバーとして活躍する方と出会うことができた。

当時の「行け！　タイガーマスク」やタイガー・マスクのエンディング曲「みなし児のバラード」の歌手だ。

同世代の僕たちにはわかるだろう。

あのアニメと歌に、どんなにはげまされて生きてきたか！

当時の僕からしたら、「あの」森本英世さんに会うことができたなんて信じられないことだった。

「どうやったらもっと歌がうまく歌えますか？」

それなのに、こんな感じでずけずけと質問をしたりしていた。

余談だが、森本さんとは、先頃約五〇年ぶりに再会することができた。

こんなずうずうしい質問をしていた子どもの僕のことを覚えていてくれたのだ。

楽しい学校外の生活とは別に、学校の先生からは、

「勉強すらできていないのに、おまえには無理だ」

と頭から全否定されていた。

それを理由にしてと当時は思っていたけれど、生活態度が荒れに荒れていった。

そんなことをしていると、悪いやつに誘われることになる。

タバコを始め、当時の悪いこととされていたことはひととおりやった。

そうこうしているうちに再び学校には行かなくなった。

結果、吉本興業も辞めることになってしまい、歌手になることはもちろんできなくなった。


期待してくれる周囲にこたえられない自分ほど嫌なものはない。

期待されてつらい自分から逃げて、ある意味よかった。

自分の命を選択したようにも思う。

悪いことはたくさんしたけれど。

本当に縁があればいつでもチャンスはまわってくる。

今読者の皆さんが、周囲の期待にこたえられずに押しつぶされそうになっているのなら、いっ

そう「裏切られた」と言われてもいいと思って、離れてみるのも大切だ。期待して言葉をかけてくる人へそっとつぶやいてみるのもいい。「あなたはあなたの期待にこたえるように声がけをしよう。今の僕はいろいろな理由でここを抜け出す」と。

「いったい自分は何をしてるんだ」という雲隠れ期間を大切に！

吉本も辞め、中学校にも行かず、フラフラしていた頃、自信もなく、うしろめたい気持ちもあり、他人の目を見られなくなっていた。

そんなある日、家に帰ると母がいた。

存在を消すように小さくなっている僕が台所で洗い物をしている母のうしろを通りすぎようとしたとき、

「腹減ったやろ?」

と声をかけてきた。

それは特別な言葉ではない。

母親からしたら、中学生なのに、学校にも行かず、出歩いている息子に山ほど言いたいことはあっただろう。

それなのに、家にこそこそ帰って来た息子に、ただ、「おなかはすいていないか?」とだけ聞いてくる。

何の変哲もない一言で、僕はこの日だけはこの一言が体中に鳴り響いてしまった。

「俺、何しているんだろ。ちゃんとしなくては。変わらなくては」

とようやく自分のことをそんなふうに思えてきた。

それから再び学校に行くようになり、勉強はできなかったけれど、無事に中学を卒業、高校に進学することになった。

存在感を消して、怒られないように、期待をかけられないように雲隠れしていたい。

そんな気持ちは大人でもある。

誰にでもある。

心が休みたいと叫びをあげているときなのかなと思う。

動物がじっと冬眠するように、死なずにじっとしていたい。

いくら尻を叩かれたり、説得されたりしてもダメなものはダメなのだ。

カラカラに渇いた心のスポンジが水を含んでいくのを待つしかない。


僕には母親のあのときのあの一言だった。

それがなかったら高校にも行かず、人生の目的もなく、今でもフラフラしていたかもしれない。けれど、あの一言をそっとかけてもらえたから、その後いろいろ体験する苦しいことが起きても、人生を投げ出さずにいられたのかもしれない。


読者の皆さんが声をかける側なのか、かけられる側なのかはわからないけれど、人は「ほうっておいて」と身体からにじみ出すように信号を送っている。

その信号を受け止める方法に答えはないけれど、信号を出しているという自覚や、信号を見守っているというメッセージで交流することができたらきっといいに違いない。

「自分を変える」きっかけはささいなこと

無事入学した高校での生活、十六歳くらいまではクラスで目立つことをするようなタイプではなかった。

けれども心の中ではずっと叫んでいた。

このままじゃいやだ！
今の環境から抜け出したい！
自分を変えたい！
どうやったら変われるの？

そんな自分と向き合おうともせず、勉強はできないから、料理人になろうとレストランでアルバイトをしてみたりした。

ある日、ブルース・リーのものまねをしている人に出会った。

やかんを使ってブルース・リーのものまねをしていたタレントのコロッケさん、今でもネットで「コロッケ　ブルース・リー　やかん」で検索すると動画が残っている。

その人はコロッケさんと同じものまねをやっていた。

その人がやるものまねでみんなが笑いころげていた。


みんなを笑わせることができるって「いいなー」「うらやましいなあ」と急に心の中でわきあがった。

試しに僕は橋幸夫さんのものまねをしてみたらなんとみんなにウケた。

その日から僕は面白いことをやって、今の自分を変えていこうと決めた。


面白いことなら何でもやってみせる！

その後、夜の世界で働くことになったときも、「しんちゃん」というプラカードをぶら下げて歩いたりもできた。

とにかく心の底から「面白がらせたい！」と思っていただけだった。

ただ、それまでの僕を知っている人にはとても驚かれた。

もちろん、突然キャラ変をすることには、恥ずかしさや抵抗感もある。

母親が妹に、

「お兄ちゃんがおかしくなった」

って二人のときに言っていたほどだった。

妹は直接、「兄貴どうしたの？」と言ってきたけれど、そのとき僕はどうしてもこれまでとは違った人物に変わりたかった。

「変わってやろう」と決断していた。

その後、あのときやった橋幸夫さんのものまねがよりウケるようになって、単純な僕は再び芸能界に憧れるようになってしまった。

もうそのときは夜の世界で働いていたので、芸能関係者も勤め先の店には出入りしている。

おまけにいろいろな情報が入ってくる。

ある日、テレビのオーディションがあることを知って応募してみた。

歌手のフランク永井さんのものまねをやってみたら、一〇〇人中一人だけが選ばれ、テレビ番組に出演することになった。

出演のギャラはなんと当時で一〇万円ももらうことができた。

その頃の大卒公務員がもらう初任給が一〇万円いかないくらいだから、かなりいい賞金をもらった。

そうこうしているうちに、「三条しん」という芸名で、美川憲一さん、にしきのあきらさん、ピーターさんのものまねで、テレビで稼ぐことができるようになった。

テレビ全盛期のあの頃、まだものまねをやっている人が少なかったことも幸いしている。

ものまねだけでテレビに出られたのだから。


チャンスはやって来るときはやって来る。

好きなことをして、披露してみたら、見てくれた人がいた。

それだけでも心が安心することだった。

これまでのくやしい気持ち、つらい気持ち、自分が原因で自分自身が苦しくなる自家中毒のような状態になりながら、もがいたことは何だったのか。
時代のおかげではあるけれど、今の時代だって何かあるはずだ。
階段を駆け上るシンデレラストーリーを披露しているわけではない。
みんなに笑ってもらいたい。
それをしてごはんを食べたい。
シンプルにそう思っていたらの話だ。

でも「努力」はたくさんした。
「笑ってもらいたい」からだ。
一日に何時間も寝るのも惜しんで、誰にも負けないぐらい努力をした。
ものまねは教科書がいらない。
何よりも学ぶには、「観察」しかない。

人間の脳には「ものまね細胞」別名「ミラーニューロン」という神経細胞があるという。いわゆる「ものまね脳」は使えば使うほど発達するそうだ。

猿が人間のマネをするように、となりの人があくびをしたら自分もあくびをしてしまうように、ものまねは自然と起きてくる。

疲れたとき、どうしても思考が滞っているとき、何かのものまねをしてみることをすすめたい。人がやっている勉強方法のものまねでもいい。

「ものまね」は達成したいことへの近道だとか言っているのではない。

「ものまね」は観察しないとできない。自分と向き合いすぎてきっとみんな疲れて、傷ついて、人と比べて落ち込んでいる。

笑える「ものまね」ひとつ、鏡の前でやってみてほしい。

やってみたいことができている人のように「ものまね」をしてみてほしい。

ものまね脳が稼働して、何かが動き出すことは間違いない。

僕は笑わせるための「ものまね」の勉強だったけれど、そのおかげで、自然と「共感力」が育ったように思える。

幸せな幼年期ではなかったけれど、誰よりもつらかったからこそ、自分よりも幸せな気持ちになってもらう「しかけをする側」になりたいって思えたのだから。

笑わせるためのものまねの練習に懸命だったことは本当に助けになった。

「共感力」がそのときに大きく育ったかもしれなくて本当によかった。

相手のことを思いやる共感力はあればあるほどいい。

「笑顔」ひとつでつらいことから、なんとか回復できたように、そう養護施設のいじめがなくなったように、「楽しい一瞬」は神経細胞に影響するのは本当にまちがいない。

どこかで人生の師匠に出会っていないか？

そうこうしているうちに二十四歳になった。

その頃、僕はもう芸能界と決別することを決めてしまった。

別の道へ進むことにした。


テレビにものまねで出演していた当時、プロデューサーさんからは「おまえは芸能界で成功できる」とよくおほめの言葉をいただいていた。

なので、もちろん芸能人になろうと思っていた。

けれどもある日、近所のお兄さんに連れて行かれた集まりで憧れの人に出会ってしまったのだ。その人は、若い人を集めて語り合う場を提供している人だった。その人の話し方・考え方・たたずまい、すべてがカッコよく、側にいたいと思ったのだ。

その人からこう言われたのだ。


「芸能界に行っても、君は売れると思う。

でもそこは君の進む道ではない。

君の道は他にある。

別のやり方で人の役に立てる仕事をしてもいいんじゃないか」

そのときのアドバイスは心に響いた。

将来はいったいどうなるのだろうか？　と長い視点で何かを考えていたわけではないが、予感めいたものはあった。

先を行く先輩がいたわけではない「ものまね」ジャンル。

その人がやっている宝石ビジネスの世界に飛び込もうと思ったのは「青年実業家」という響きに憧れたことも理由のひとつではあるけれど……。

その後、この人は、僕の大切な師匠となり、人生について大切なことをたくさん教えてくれた。


「宝石は売ろうと思ったら売れない。

宝石は原石と同じだ。

おまえの心を磨かないと光らないし、買ってもらえない。

宝石はそれを持っている人の人間性で変わる」


ではまずは、自分を磨かねばと心に誓った。

宝石を購入する人は社会で成功している方ばかりだ。

一方僕は、学校にもまともに行かず、知識もない。

ここにきてようやく初めて勉強の大切さを痛感し、机に向かうようになった。

師匠の側で、師匠の言葉づかい、ふるまい、その奥底にある心も学び取るように、毎日行動を観察するようにした。

始めた当初は、お客様のことを見ずに、

「売りたい」

だけが前面に出ていた。


「駆け引きが大事。

信頼を得ることが大事。

愛されることが大事」


「君の笑顔は武器になる。

笑顔で人を泣かせ、

笑顔で人を説得し、
笑顔で人を笑わせろ」

などとも言われて、常日頃の笑顔を心がけるようにした。

今でもマジックバーのお客様からも、

「シンさんは気づかいの人」

「シンさんはいつも笑顔だよね」

と言葉をかけてもらえることがある。

それは、この頃師匠から学んだことが生きているのだと思う。

とはいえ、最初は一、二万円くらいのファッションリングしか売れない。

それでも僕は師匠のことが大好きだった。

師匠の会社の商品を売ることができるならと思い、師匠の会社の展示会があれば、そこへお客様を連れて行き、商品を案内し、買ってもらったりしていた。

「君は僕に真心をくれた。

君は必ず何億も稼ぐ人間になる」

と声をかけられるほどにもなったが、

「何億？　それ、意味がわからない」

と思っていた。

なぜなら、二十四歳の僕は、五〇〇万円くらいまでは売ることができても、持ち出しも多く、一〇万円くらいの赤字をかぶっているような状態だった。

けれども、そうこうするうちにあのバブル景気がやって来て何億と稼げるようになった。

あの頃は、何でも売れた。特に宝石は儲かった。商品があれば、売れる時代だった。

ちゃんとあのときお財布のひもを固くしていればよかったが、まだ二〇代、ええカッコしいをしていた。

歌も、ものまねも、うまく仕上がっていて、宝石も売れて、お金をたくさん持っている僕にようやくなった。

そうだ、自分は何でもできると勘違いしていた。

まわりも見えていなかった。

何もわかっていなかったのに。


人を見下していた。

たくさん敵も作った。


こうやって人間はお金を持つと狂うのだと、今はわかる。


もちろん痛い目にもあった。

有頂天にならずに、もっと謙虚になっていれば、もっと他人を大事にして、いろいろなものを大切に、目の前のことを丁寧におこなっていたら、違う次元に行っていたのかなと今は思う。

とはいっても、子どもの頃から変わらず、僕はずっと人を喜ばせることだけは大好きだった。

すべてを失ったときに見えるものはすばらしい

何億も稼ぎ、いい服を着て、いい車に乗って、いい生活をしていた僕。

けれど、神様はちゃんと見ていた。

夢中に生きてきただけだと思ったけれど、四十五歳になっていた。
その頃、人にだまされたり、なんやかんやで、すべてを失うことになった。
これまで何年もかけて築いてきたのに、仕事もお金も失うときは一瞬だった。
同時に、家は競売に、妻と娘とは離れ離れ、その上、二人はウツになった。

「夢なら冷めてほしい」

毎日そう思って暮らしていた。

このときも幼年期のときと同じようにいつ死んでもおかしくないような状況になってしまった。

そのときは、もう一度宝石ビジネスでリベンジしようとは思えなかった。


それまでのご縁で近しいビジネスに誘ってくれた人もいたが、もう似たような道に進みたいとは思えなかった。

どんなにお金を稼いでも、再び何かトラブルにあって、すべてなくなってしまう。

あんなに楽しかったのに、稼ぐことがむなしくなり、何もかも投げ出したくなった。


でも投げ出すこともできなかった。


なぜなら、僕には守るべき大切な存在、家族がいたから。

自分は立ち直らなければならない。


そのときに思い出したのが、マジックだった。

養護施設で見たマジシャンを思い出したから？

それもあったかもしれないが、実は大人になってから、趣味でマジックの道具を買ってやっていた。

そのマジックショップでマジックを見せたところ、

「センスがいいね」

とも言われていた。


マジックなら、技術を磨けば、自分の身ひとつでできる！

そして僕は、ものまねもできる。

ものまねとマジックを掛け合わせたら、唯一のマジシャンになれるのではないか。


とはいえ、とにかく無一文だ。

稼がなければならない。

やってみて「できませんでした」とは言えないから、必ず「ものまねマジシャン」で成功すると決めていた。

必死だった。

この頃、荷物はキャリーバッグひとつ、ごはんも食べられない財布事情。

仕事はなくなってしまったが、時間だけはたっぷりあった。

昼間はカラオケボックスで何時間もマジックの練習、夕方になったらキャリーバッグをガラガラひっぱって、徒歩で戎橋《えびすばし》まで移動、朝方までマジックを披露、お客様からチップをもらい、また短期賃貸マンションへ帰って行く日々。

チップが毎日の生活資金、この頃は心身ともに本当にきつかった。


そのうち、戎橋のマジックが少しずつ評判になり、イベントなどに呼ばれるようになった。

あるとき、ホテルでお客様にマジックを披露していたら、ホテルマネージャーさんからカルチャーセンターの理事を紹介していただいた。

そしてカルチャーセンターのマジック講師として華々しくデビューできた。

ところが、教室で教え始めてしばらくたつと、生徒さんのほうがマジックができることに気づいた。

マジックの質問を受けても、うまく答えられない。

ただ、そのときは返せなくても、次のレッスンのときには答えられるようにした。でも、そのうち生徒さんから、

「もしかして、先生、マジックの経験はまだ浅いのではないですか？」

と言われる始末に。

それでもなぜか、生徒さんたちから、

「先生は楽しいから、そのスタイルでいってください」と言われ、カルチャーセンターの講師を続けられた。

この頃からしゃべりながらマジックをするという僕のスタイルが確立されてきた。

そして、戎橋に立ち、イベントにも呼ばれ、カルチャーセンターの講師をするということをコツコツと継続して三年、念願のマジックバーを開店することができた。

店舗をかまえることとは大きな決断だったが、この頃は、マジシャン・セロがテレビに出ていたので、マジック需要は高く、マジックブームにうまく乗ることができた。

それから現在まで十七年間、マジックバーを経営していくことができた。

自分を突き動かすもので人は生きていく！

現在六十六歳になるが、四十五歳ですべてを失い、マジシャンとしてやっていこうと思ってから二十一年。社会的に見ると、今の僕は定年退職し、年金がもらえる年齢。

しかし、僕はまだまだやりたいことがある。

そのひとつには、養護施設などで暮らす子どもたちに何らかの夢を持つきっかけを作ってあげることだ。

夢を持つことは大切なこと。

それなのに、その夢を否定する大人がたくさんいる。

「おまえには無理だ」と。

自分の子どもに対してもそう言ってしまう大人がいる。

夢はやってみなければできるかどうかわからないものだ。

確かに親には無理だった夢かもしれない。

トンビがタカを生むことだってあるはずだ。

僕も小さい頃、学校の先生に、

「勉強もできないのだから、歌手になるのは無理だ」

と言われた。

だからそのときは何の疑いもなく、無理なのだと思ってあきらめてしまっていた。実際には、大きくなってものまねをやるようになってから、声をほめられるようになった。もしかして、小さいときから目指していたら、その道で成功していたかもしれない。だからといって、今の人生に後悔はないが。

もし今、自分の目の前に夢を語る子どもがいたら、

「夢があるっていいね」

「がんばれたらいいね」

「応援するよ」


そう言ってあげたい。

そして、ただ言うだけじゃなく、六十六歳の僕が何かを実現している姿を実際に見せていきたい。


江戸時代後期に日本地図を実測で作った伊能忠敬という人がいる。

彼は五十五歳から日本地図作製のため、全国各地を歩き回った。

今の五十五歳はまだまだ元気な人が多い。

江戸時代の寿命は三十五〜四〇歳と考えると、その頃の五十五歳ってけっこうなおじいちゃん。

十七年間で三・五万キロメートルも歩いたとのこと。ちなみに地球の一周が約四万キロメートルだから、ほぼ地球一周分だ。記録によると、一日約十八キロ、多い日で四〇キロも歩いたそうだ。

伊能忠敬は五十五歳からなぜこんなことができたのか。

おそらく、自分のためだったらできなかったと思う。

人のため、国のためと思ったからできた。

つまり、伊能忠敬は天から与えられたお役目だと思ったからだと思う。

五十五歳がこんな偉業をなしとげられたのだから、僕にもできるはず。

自分が六十六歳でも、もっとそれ以上年を取っていてもできるのだよ、ということをみんなに証明していきたいと考えている。

それが六十六歳の僕の夢だ。

これも、僕を応援してくれる人がいるからがんばれることだ。

つらい経験はすべて財産に！

僕は小さい頃、貧しい生活の中でいろいろな人たちにいじめられてきた。

学校の友だち

学校の先生
施設の大人
施設の子どもたち

正直、壮絶すぎて思い出すことを拒否している出来事もあるかと思う。

しかしながら、この経験があったからこそ、できるようになったこともある。

また、成功したことよりも、成功して転落したからこそ、わかることもある。

それは何かというと、三つある。

（一）人の変化に気づくことができるようになった

いじめられないようにするため、いじめられそうになったら、逃げる、距離を置くということをするようになった。

また、何もないときに逃げたり、距離を置いたりすると、逆に相手を怒らせてしまうことにもなる。

ちょうどよいタイミングで、逃げる、距離を置くということが大事だ。

そのために、相手の表情、顔色、言葉、動作、雰囲気などをとてもよく見るようになっていった。

僕は、世界のマジックを見ると、なんとなくタネがわかってしまう。

そのマジシャンが何をしようとしているのか、その細かな動き、表情からすべて見えてしまう。

特にマジック成功の秘策として「ミスディレクション」というものがある。

見ている人の注意を違うほうにそらして判断を誤らせる心理誘導のテクニック「ミスディレクション」は、目立たないところでマジシャンがいろいろな行動をしているということでもある。

こういったマジシャンの動きが僕にはよく見えてしまう。

これは、小さい頃からのいじめを回避するためにつちかった思考習慣によって、無意識に見えてしまっているのではないかと思っている。

今でこそ、これは他の人にはマネできない僕の財産となっている。

(二) 細かな違いに気づくことができるようになった

養護施設に入っていたとき、十分な食事を与えてもらえなかった。

ごはんが臭くて、食べられたものではないような状態で出てきていたが、本当にくさって食べられない状態もあり、まだ食べられる状態かどうかを、微妙なにおいで判断しなければならない。

ある程度おなかは強くて丈夫だったのもあるかと思うが、危険な状態の食べ物は何にせよ避けなければならない。

僕はそうやって生きてきた。

だから、反対に僕はおいしいものを見つけるのも得意だ。においや舌で風味の細かい変化に気づくことができる。

余談だが、僕の鋭い感覚は味覚、嗅覚だけではない。

「芸能人格付けチェック」というテレビ番組があるが、ああいった番組に出ている、楽器の音色を聴いて高級な楽器を当てる問題や素人が描いた絵画と名画を当てる問題はほとんど当てられる。

どう違うのかは説明のしようがないのだが、なんとなくわかってしまう。違いに気づく能力が人より高いからできるのか。

さすがに味覚・嗅覚を使う問題は、テレビ画面から感じることはできないのでわからないが。

つまり生きのびるために、僕の感覚は研ぎ澄まされたのだと思う。

(三) 何を優先すべきなのか、時間の使い方がわかった

二〇代から宝石の道に進んで、ある程度一時的に成功できた。そうすると、時間とお金に余裕が出てきて、ゴルフに熱中してしまった。

ゴルフがうまくなりたかったこともあり、毎日ゴルフに時間を費やした。

それによって失われたのは家族との時間だった。

そのことに気がついたのは、無一文になったとき。

妻と娘と離れ離れになってからだ。

妻はすでに亡くなってしまったが、今は娘とは仲良くやっている。

しかし、過ぎてしまった時間は二度と戻ってこない。

ゴルフは趣味くらいにとどめておけばよかったと思う。

その時間を家族に使えばよかったとつくづく思う。

すべてを失ってから、今何を優先すべきなのかを考えるようになった。

けれども経験したことはすべて財産にしたほうがいいと思う一方、「いじめられたほうがいい」「貧乏なほうがいい」「恵まれないほうがいい」などを言いたいのではない。

また、僕自身がすごく恵まれない境遇だったと自慢したいわけでもない。

比較することではないけれど、今もっと厳しい状況の中で生きている読者の皆さんもいるかと思う。

しかし、どんな経験であれ、自分の経験は、何らかの形で自分の糧にできると伝えたい。

その渦中にあるときは自分の糧にできなかったとしても、振り返って自分の糧にすればいい。

僕は無意識で得たことだが、意識して身につけることもできるはずだ。

そして読者の皆さんにも、自分の糧になったこと、他の人よりも秀でていること、そんなことが必ずあるはずだ。

なぜなら、これまで歩んできた人生は、自身しか経験をしていない道なのだから。

第二章

今の自分を変えるマジック

口先だけの人生は必ずバレている

何かするときによく「人のために」と言っている人がいる。

けれど本当は「自分のために」という人のほうが多いように思う。

決して「自分のために」が悪いわけではない。

「自分」を優先させるべきだとは思っている。

しかし、口では「人のため」と言っているけれど、本当は「自分のため」というのはよくないと思う。

自分のためなら自分のためと正々堂々としていればいい。

誰だってそうなのだから、それを責められるゆえんはない。

けれど、それを隠そうとして人を欺くのはよくない。

本当は「自分のため」なのに「人のため」と言うのは偽善、そういうことは他人には透けて見えてしまう。

そんな大切なことを知らないのだなって、いつも思ってしまう。

大阪市内でとある居酒屋を経営している男性がいる。

彼は、以前「人のため」とよく言っていた。

本人は、「お客様のため」と言っているけれど、結局のところは「自分のため」ではと思い、
初めてお店に行ったとき、お説教キャラの僕ではないが、怒ってしまった。

僕は弟子には、いろいろ指摘するけれど、自分が客として訪問した店では説教なんかしない。

しかし、不思議なことに彼には本当にいろいろ怒ってしまった。

おまけに、彼は指摘されたことに対して、言い訳ばかりしていた。

その言い訳話もひたすら長い。

そうやって自分を守ろうとしていたに違いない。

彼のすごいところは、それをきちんと改善してきたことだ。

言い訳して抵抗はしていたけれど、改善をしていった。

だからどんどん店は変わった。

そんな彼になぜ僕の話を受け入れたのかと聞いたら、

「シン師匠の言う通りに改善していったら、いろいろスムーズになったのです」と言ってくれた。

おそらくだが、彼は本当は「自分のため」だったというのが、お客様には透けて見えてしまっていたのだと思う。

だから、うまくいかないことが多かった。

本心から「お客様のために」となってきて、お客様やまわりの人がついてくるようになったのではないか。

面白いことに、彼が変わったことをまわりの人も気づいた。

「彼は変わったよねぇ。お店も行きやすくなった」

という評判も流れるようになった。

ちなみに、逆はカッコよくとてもいいことだ。

「自分のためと言いつつ実は人のためだった」

ってやつだ。

これは本当にカッコいい。

「人のためと言いつつ自分のため」というのは、誰からも共感されない。だから広がりにくいし、うまくもいかない。

自分のその行動はまわりの人のためにできているのか？

それとも自分のためか？


一度問いかけてみると何か見えてくるはずだ。

リベンジする相手は
あなた自身

四十五歳のとき、着の身着のままで戎橋に立ってマジックをし続けられたのはなぜなのか。

それは、

「いつか見返してやろう」

とそんな反抗的な気持ちを持ち続けていたからでもある。

いわゆる、リベンジってやつだ。

これって誰に対する気持ちだったのかなって思う。


「いつか●●を見返してやろう」
●●って誰のこと？
特定の誰かではなく、僕のまわりの人に意識を向けていただけだった。

あるときふと気づいたことがあった。


「リベンジって自分に対してするものではないか？」


なぜ昔の知り合いに会ったときに恥ずかしいと思うのか。

相手がどう思っているのかなんて直接聞いてもいないのに、

「シンさん、マジックで日銭を稼いで大変そう」

「シンさん、以前はいい服を着て、いい車に乗っていたのにね」

と見下されたり、同情されたりしているのではないか？　と勝手に思い込んでいるのか？

そう、それは相手が思っていることではなく、自分が自分のことをそう思っているだけのことだったのだ。

自分のことをそう評価しているから、まわりの人も自分のことをそういうふうに見ていると思い込んだだけだった。

自分自身にいちばん失望しているから、まず失望した自分を、自分自身に受け入れる必要があった。

受け入れた後に、あの例の本当のリベンジが始まる。

見返しをしなければならないのは、まわりの誰かではなく、「自分」だ。

だから自分にリベンジをしなくてはいけないと思えた。

そう思うと、まわりの目も気にならなくなった。

結果、戎橋にもずっと立ち続け、しだいに「マジシャンのミスターシン」として知られるようになることができた。


くやしい気持ち、誰かに向かった気持ちは行動のバネになるかもしれない。

しかし気持ちが穏やかである状態ではない。
他者を意識して生きることほどつらいものはない。
忙しくしているのは自分だ。
くやしく思っているのは自分だ。
見返したいのは自分にだ。
そんなことを一度考えてメモにでもしたらいいのになって思う。

本は人生を変える魔法の道具のひとつ

僕は若い頃はたくさん本を読んだ。

なぜなら、宝石ビジネスで、社会的に成功した皆さんとお話しする機会が多かったにもかかわらず、僕の中では、教養がまったく足りていないと感じていたからだ。

デール・カーネギーの『人を動かす』を読んで驚いた。

相手を動かしたくて読み始めたのに、「自分がまず動かなければならない。人は変えられない」って書いてあったから。


他には歴史小説をたくさん読んだ。

三国志、織田信長、徳川家康、坂本龍馬など、司馬遼太郎さんの本は好きで何度も読んだ。


人の一生は重荷を負うて遠き道を行くがごとし。急ぐべからず。

不自由を常と思えば不足なし。こころに望みおこらば困窮したるときを思いだすべし。

堪忍は無事長久の基、怒りは敵と思え。

勝つことばかり知りて、負くること知らざれば害その身にいたる。

おのれを責めて人をせむるな。

及ばざるは過ぎたるよりまされり。(徳川家康)

為せば成る、為さねば成らぬ何事も、成らぬは人の為さぬなりけり（上杉鷹山）

人は城、人は石垣、人は堀、情けは味方、仇は敵なり（武田信玄）

これを今もすらすら言えるくらい、若い頃に何度もそらんじた。

こういうことを知っていると、自分がうまくいかなかったときに、なぜ、うまくいかなかったのか、失敗の研究、分析をして理解できた。

僕がかじったぐらいの教養ですらも知らないで働いていたら、仕事は決してうまくいかなかったと思う。

人や環境のせいにして、人生が終わったかもしれない。

教養を持つか持たないかという違いは、仕事をしていく上で大きな違いが出る大切なことだと思う。

僕は、歴史小説から学ぶことが多かったけれど、今だったら、同じような内容がもっとわかりやすい言葉やイラスト、図式で表現されている本もある。

ぜひ自分に合った本を書店で見つけて選んだらいいなと思う。
本だったら、図書館に行けば、無料で借りて読める。
小説なら面白く読めると思うので、ぜひたくさん読んでほしい。

誰かに笑われると思ったら、明日から会う人は自分を知らない人にしてみよう

読者の皆さんの中には、

「自分を変えたい、変わりたい」

と思っている人も多いのではないだろうか。

一方で、

「変わったら、まわりの人はどう思うだろう？」

と変わることに躊躇している人も多いかもしれない。


他人のことを気にする必要はないと頭ではわかっていたとしても、気になる。僕も、

「自分を変えたい」

と思い込んでいた十六、七歳の頃は、変化に対して躊躇する気持ちがあった。

しかしこのときこう思ってもいた。

「昨日までの僕」を知っている人はいる。

しかし明日から会う人は「昨日までの僕」を知らない。


僕が十七歳で橋幸夫さんのものまねをし始めたときはとにかく、

「面白いことをして人を笑わせよう」

と思ってやっていた。

それまでは、人と目を合わせられないようなキャラだったが、一八〇度変化させた。そんな姿を見て、母と妹が「兄貴はおかしくなった。どうしたの？」と思っていたくらいだから、かなり変化したと思う。

もし昨日までの僕を知っている人のことばかり考えていたら、変わることに躊躇し動けなくなったと思う。

だからあえて昨日までの僕を知らない人に声をかけていった。

そうすると、あるとき必ず、

昨日までの僕を知っている人
＞
今の僕を知っている人

という人数の逆転が起こる。

そうすれば、僕のキャラは、今のキャラになると思っていたし、実際にそうなった。

今では僕は、いろいろな人に話しかけることができる。

たとえば、カフェに入ったとき、初対面でもお店のスタッフの方といろいろな話をする。

僕と一緒にいた人は、その様子を見て、「(お店のスタッフは) お知り合いなのですか?」と聞いてくるほどだ。

「いいえ。初めて会う人なのです」という返事で皆さんビックリされるくらいだ。

ようやく初対面の人でも話しかけられるキャラになった。

そんな僕が「人と目を合わせられないような根暗な子ども」だったのだ。もし皆さんも自分を変えたいと思うならば、これから会う人に新しいキャラを見せていけばいい。

タネまきは今日のうち。明日になったら何かが変わる

今では知識・技術が簡単に手に入る。

ＹｏｕＴｕｂｅで検索したら、何でも出てくる。

なのに、なんで行動をしない人が多いのかなと感じることがある。

やらなかったら何も変わらない。

崖っぷちに立っているようで、実は崖っぷちに立っていないのでは？

うしろがない状態が崖っぷち。風が吹いたりバランスを崩したりしたら、うしろに落ちてしまう。

だからなんとしても前に進まないといけないはず。

そうであるのに、立ち止まって知識だけ手に入れて、行動はしないって何だろう。

そして、「何も変わらない」「＊＊が悪い」と嘆いている。

そりゃ、変わらないだろう。

花だって花の育て方をいくら学んでも、タネをまかなかったら芽が出ないし、花も咲かない。

だから、まずは行動するしかない。

僕は、朝起きて四分間で朝の「自分会議」をする。

内容は、今日やることを決めるだけ。

そして「自分は今日成長するぞ」「今日もありがとう」と鏡に向かって言う。

そうすると気持ちが盛り上がってくる。

努力は人が見ていないところでやる。

昔の人は、野球の素振りでできたマメは隠していた。マメを見せることは恥ずかしいことだったのかもしれないと思う。

しかし今の人はマメを見せる。

他人に見せることが前提の努力は、「がんばっているね」という言葉をかけてもらいたいという気持ちが出てきてしまっているのではないかとも思う。

残念だけれど、「がんばっているね」という言葉だけでは、結果は出ない。


人生はペットボトルの積み上げのようなもの。

一度はつぶされる。

つぶされたとしてもペタンコにはならない。

ペタンコになっているようで少し厚さがある。

落ち込んだりするけれど、やり通せば、だんだんと積み上がって不変のものになる。

そうしてできるものは強いものに違いない。

なくならないものになっていくはずだ。

失敗したり笑われたりするとつぶされていく。

あきらめたらそこで終わるけれど、回数が増えればだんだんとへこたれなくなっていく。

植物だってそうだ。

芽も出てきたばかりでは、風にすら揺れる。

しかし根が深くなっていくと、茎が太くなって、揺るがなくなってくる。

そこに行くまでしんどいけれど、そのうち、

「あれ？　大丈夫じゃない？　いけるじゃん？」

ってきっとなるはずだ。

そこまでやるかどうかは自分次第。

しかし変わりたいと思うなら、行動するだけ、行動しかない。

やってみようよ、っていつも僕は声をかけている。

うまくいっている人は「こう生きよう」と決めた人

読者の中には、

「自分は才能、学歴、お金、人脈、運などに恵まれていないから、人生がうまくいかない」

と思っている人も多いのではないだろうか。

僕もそう思っていた時期があった。養護施設で育ったり、まわりからいじめられた幼少期は、まわりのせいで、子どもの自分ではどうしようもないと思っていた。

「なんでこんな環境に生まれたのだろう」

だって自分が朝鮮人の両親のもとに生まれたことも、貧しくて身なりが汚くて臭かったのも、自分が好きで選んだわけではない。そんな身勝手な考えをしていた。

そのせいで大人からもいじめられるなんて納得できなかった。

その後も、まわりでうまくいっている人を見るといつも、

「運がよくていいね、うらやましい」

とねたむような気持ちが何より先に生まれた。

しかし、本当は違ったのだ。

うまくいっている人は、「こう生きよう」と決めている人なのだ。

今の境遇はどうであれ、自分の生き方だけは、自分で決められる。

「自分は恵まれないから、こういう生き方しかできない」

ということは、そういう生き方をすると自分で決めているだけのこと。

幸運をつかむチャンスやメッセージはきっと何度もやって来ていたはず。

それに気づくか気づかないか、そうして行動するかしないかの違いだけだった。

株式会社リゾートトライフで会長をしている柴山勝也さんという人がいる。柴山会長と親しくなったきっかけは二〇一六年、とあるパーティーで隣になっただけのことだった。

年齢がなんと二歳の違いしかなく、当時五十七歳だった僕がいろいろなことにチャレンジしていることに共感してくれて、僕の夢を応援すると言ってくれた。会長のおかげでさまざまなご縁をいただけたのもあのときお話しできたからだった。今のいただいているご縁、そこから広がったチャンスに感謝している。

最近では声優のオーディションに行ってみた。

声優に憧れていたのをチャレンジせずにあきらめなかったから。

オーディションの年齢条件とはかなり外れていたけれど、セミプロもたくさんトライしていて恥ずかしいとか、年齢が行きすぎているとか、気にしている場合ではなかった。

ここでのオーディションで合格ができなくても、ここでのつながりがまた次のチャンスにつながるかもしれない。

毎日行動しているからこそ得られるチャンスがある。


人間はラクな方向へ行きたくなる。

環境のせい、親のせい、人のせいにしたほうが逃げる理由ができる。

だから、そうしたくなる。

苦しい環境が変わらないのであれば、これからの自分がしたい生き方を選べばいい。

そう思う。

仮に、刑務所に入っていたとしても勉強して資格を取ることだってできる。

もちろん勉強できる時間も限られる。

資格取得のための勉強も希望者全員ができるわけではない。

そもそも受験資格がないこともある。

資格を取らなかったとしても、本を読むことだってできる。

本から得られることはたくさんある。

いろいろな制約があったとしても、ごはんと寝る場所の心配をせずにいられる環境、それだけで恵まれていると考えることだってできる。
その中で何をやるのか、決めるのは自分しかいない。
つらい環境に生まれたことや過去の出来事は変えられない。
受け入れるしかない。
しかしこれからどう生きるかは自分で決めることができるのだ。

これからどんなふうに生きていく？
少し考えてみようよ。

「こう生きていく」という決意は自分に責任を持つことが伴う

「こう生きる」とは、「主体的に生きる」こと。

「主体的に生きる」とわかっていても、行動が伴っていない人が多いと感じている。

たとえば、夫婦でドライブしているとする。

行き止まりで左右どちらに行くか迷ったら、妻が「右」と言った。

だから夫は右折し、そうしたら行き止まりだった。

そうすると、

「おまえが右って言ったからだ」

と怒る人がいる。

こうやってドライブでケンカする夫婦やカップルって多い。

でもね、違うなって思う。

確かに妻は「右」って言った。

けれど、右折を選択したのは夫だ。

だから、妻を責めるのはお門違いと思うべきだ。

責任感がないから他人に怒るのだ。

もし自分が妻の言うことを信じたのであれば、怒る対象は「その選択をした自分」であるはずだ。

そういうことに日頃遭遇していないだろうか。

わずかなことでも、「自分が決めた」という意識を持って暮らしていくと、しだいに主体的に生きていくことができるはずだ。

人生が好転して、がらっと変わっていくはずだ。

ぜひおすすめする。

自分を信じられるから他人を信じられる

僕は今まで何人かの人にだまされたりもした。

三年前も、とある人が、

「マッサージ店をやりたいから、お金を貸してほしい」

と言ってきたので、数百万円を貸した。

そうして一週間後、連絡が取れなくなったと思ったら、その人がベンツに乗っているのを見かけた。

当然お金は返ってこない。

そのとき僕は、

「あーだまされたんだ」

とわかった。

読者の皆さんもだまされた、裏切られたと思った経験があるかと思う。

そんなとき、どうしている？

「＊＊さんを信じていたのに裏切られた」

と思ったりするはず。

けれども僕はこれが少し違うと思っている。

僕は「信じていたのに」とは言ったことがない。

「あなたのことを信じていますよ」

と言う人が多くいるけれど、これは「あなたを信じる」の前に「自分が信じる」ということがまずあっての言葉。

「自分があなたのことを信じている」のであって、裏切られたら「信じた自分が悪かった」ということになると思っている。

悲しいけれど受け入れるしかない出来事。

自分を信じるということができない人が、相手を信じたいという気持ちの中に、「裏切らないでね」という気持ちを込めて、

「あなたを信じている」

と言っているだけだ。

だけれど、裏切る人は裏切るし、裏切るつもりはなくてもしかたなく結果として、裏切る形になってしまった人もいる。


僕も数百万円を貸した相手がベンツに乗っているのを見たとき、

「やられたな」

と思った。

その人に対して腹が立ったし、思うところもあった。

しかし、最終的にお金を貸すと決めたのは自分、しょうがないとも思った。

自分にとってとても大切なお金だったが……。

こういったことが続いて起きてくると、

「誰も信じられない」

という心理状態になってしまう人もいる。

もし自分のことを心から信じられていたら、相手のことも信じられるし、もし相手が裏切ったとしても、そのことが契機で他人を信じられなくなることはない。

自分を信じるか？

信じないか？

ただそれだけだ。

第三章

成功へ導くマジック

ものまねは本マネになるまでやる

僕の店のお客様はリピーターがとても多い。

通常、マジックバーに来るお客様は、何回も同じ店に通うことは少ないといわれている。

そのため、マジックバーには複数のマジシャンがいて、日によって異なるマジシャン・異なるマジックをお披露目するプログラムを組んでいるお店が多くなる。

すごいマジックは、一度見たら満足してしまうからだ。

同じマジックを何度も見ると新鮮味もなくなり、満足もできなくなる。

座る場所によっては、マジックのタネがバレてしまう可能性もある。

しかし、なぜだか、僕のお店に何度も通ってくれる人が多い。

お披露目はマジックだけではなくものまねもあるからだ。

僕は中尾彬さん、えなりかずきさん、麻生太郎さん、前田吟さん、ばいきんまん、ジャムおじさん、サザエさんのマスオさん（ちなみにジャムおじさんとマスオさんは同じ声優さんだ）

など、たくさんのものまねができる。

若い頃には、フランク永井さん、美川憲一さん、ピーターさん、にしきのあきらさんのものまねもしていたから、誰でもそこそこうまくはできる。

だから裸一貫からスタートの四十五歳からは徹底的に勉強をして習得した。

カセットテープの片面に約一〇〇人、両面で二〇〇人の有名人のセリフを録音、それを聞いて、ものまねの練習をする。

そして、自分のものまねをカセットテープで録音、それを聞く。

本人との違いを確認し、再び自分のものまねを録音、それを聞く、を繰り返す。

とにかく何度も繰り返す。

なんとなく似ているだけではダメで、本人の声と間違えるくらい、自分の声を似せる必要がある。

まずは、声だけのアプローチでマネられるように耳だけで徹底的にやる。

なぜ耳だけかというと、動作がつくと声が似ていなくても錯覚を起こすから。

それでは本当のものまねにならない。

本人と間違えるくらいに、本当のものまねをすることを、僕は「ものまね」ではなく「本マネ」と勝手に名づけている。

とにかく「本マネ」になるまで、徹底的にやっていく。

不思議なことに、繰り返し練習していると、ある日突然コツがつかめるようになる。

なぜだかわからない。

「ミラーニューロン」という神経細胞、「ものまね脳」の神経が発達するのかもしれない。

何十回、何百回と練習していると、朝起きたら「できていた」みたいになる。

ここまでできるようになれば、じかに聞いている自分の声と録音した自分の声はほぼ一致する。

普通は、録音した自分の声を聞くと、

「こんな声だっけ?」

となるけれど、それがまったくなくなる。


「一万時間の法則」というものがある。

何かひとつのことを極めるのに、約一万時間の練習・学習・努力が必要であるという意味だ。

長時間やればできるというわけではないと思う。

僕の場合、「どうやったら、もっと似せられるか」「本物と間違えられるくらい似せたい」といろいろ工夫しながら、やり続けたからこそ、出来上がるのではないかと思う。

この領域に達するまでに二年半かかった。

一万時間の法則でいうと、一日十一時間ぐらいやれば二年半くらい。

確かに、それぐらいはじっくりと時間をかけて練習をしていたように思う。

失敗には必ず学びがあった

「シンさん、マジック、失敗したことありますか?」

「マジックってどんな失敗がありますか?」

とよく聞かれる。

僕のマジックは予測不可能。終わってみれば完璧になっている、ということがほとんどだ。

たとえば、以前、テレビ番組の「情報ライブ　ミヤネ屋」に出演して、宮根誠司さんと天海祐希さんの前で、マジックを披露したときは、生放送十六分間、緊張しながらマジックを披露し、終わってみれば完璧。

これはＹｏｕＴｕｂｅなどで映像が残っているかもしれない。

よかったら探して見てほしい。

おそらく、動画を繰り返し見てみても、読者の皆さんは「予定通りのマジックを披露していた」と思ってくれるだろう。

しかし、あのマジックの中では僕の予想外のことも起こっていたのだ。

自分の予想と違う結果が出たとしても、それを予定通りにやっているようにふるまう。

僕は「どうやって着地点に持っていくのか」を考えながら、見ている皆さんと話をしながら、マジックをし続けている。

たとえば、カードを一枚引いてもらって、それをカードの山に戻しシャッフル。そうしたら、先ほど引いてもらったカードは一番上に来るはずが、なんと来なかったり……。

そうなったら、もう一度シャッフルして、カードを一番上にしたり……。

または、お客様へのミスリーディングがうまくいかず、違うところからカードを引かれたとしても、いろいろな手段を使って、成功に導く。

ジャガイモを使ったマジックでも、

「ここでジャガイモがあらわれるはずなのに、出てこなかった？」

「消えるはずのジャガイモがまだ残っている？」

ということもある。

心の中では、

「あれ？　どうしよう？」

と思っていて、マジックを続けている。

もし、自分の予定通りにいかなかったところでマジックをやめてしまっていたら、失敗になってしまう。そのままやり続けているからこそ、最後は必ず成功するように導ける。そして予想をはるかに超えたミラクルが起こったりもする。

まるで人生のようだ！

これが涼しい顔でできるのは、やはり日頃から何十回、何百回とマジックを練習しているからだ。

マジックをミスなくできるように練習をしているのではない。

うまくいかなかったときのパターンを何パターンも想定し、最後は大成功に導くように練習をしている。

ミスなくできるようにという練習ばかりしていたら、こんなことはできない。


これは人生でも同じなのではないかなと思う。

うまくいかないことは必ずある。

どんなに自分が努力しても、不可抗力でどうにもできないことだってある。

そのときにあきらめて、やめてしまったら、

「うまくいかなかった」

で終わりになる。

しかし、方法を変えたり、タイミングを変えたりしてやり続けて、うまくいったら、それま

でのうまくいかなかったことはどうでもよくなる。

「うまくいったね」

と思えるようになるのだ。

もしかしたら、目指していたゴールにはたどりつけなかったとしても、別のもっとすばらしいゴールにたどりついてしまうかもしれない。

だから僕は人生のチャレンジをし続ける。

四十五歳ですべてを失ったことだって、お金を貸して返ってこなかったことも、妻や娘のことを顧みずにいたことも、その他、思い出したらキリがない。

ミスをしていることはたくさんある。

これは失敗ではなく、ミスターシンの人生がうまくいくためのきっかけだったって、最後にはしてみせたい。

マジックは本で勉強すること

今は、マジックの手順を説明した動画がたくさんある（タネ明かし動画は賛否両論ではあるが）。

動画は見て練習したらマジックができるようになる。

しかし、マジックはうまくはならない。

少しややこしいが、動画を見たらマジックはできるようになる。

しかし、マジックをうまくできるようにはならない。

だから僕は、「マジックが上手になりたかったら、本でマジックを学べよ」と言っている。

たとえば、本で学ぶとなったら、

「右手は四十五度の角度でカードを持って……」

などと書かれていて、それを理解する力・想像する力が必要になる。

動画だったら、見て覚えられるから、理解力や想像力が不要になり、その能力が育たなくなってしまう。

簡単にできるようになるけれど、理解力・想像力がないから、それ以上のものにはならない。

本で勉強すると、時間がかかる。

わからなければ実際に手を動かしながら、頭の中でイメージしながら、試行錯誤する。

そうすることで型通り以上のマジックができるようになる。

ああでもないこうでもないということは、必要な時間だと強く思う。

ちなみに僕のマジックは独学だ。

師匠はいない。他の人のマジックを見て、「こういうふうにやっているのかな」と想像し、試行錯誤しながらやってきたから、基本的な方法というのを知らない。

だから、同業者にマジックを見せると驚かれることがある。

目で見てわからない部分はイメージで補完しながらマジックをしてきた。

そう思うと、理解したり、イメージしたりすることは、自分自身の伸びしろにもつながっていくのではないか。

たとえば、ある事柄について、動画を見れば、習得するのは早いので成長が早いように見える。

しかし、目に見える部分だけを習得していくので、成長する幅(伸びしろ)は大きくはならない。

今はＹｏｕＴｕｂｅやＴｉｋＴｏｋなどの動画でたくさんの情報を得られる。

一見便利なように見えるが、自分の可能性を広げるという点では、マイナスなのではないか。

本を読んでいけば、文字だけではわからない部分が発生してくる。

そこはイメージで補っていくことしかできない。

想像する力も自然と備わっていくのではないか。

とはいえ、文字を読むと眠たくなるという人もいる。

そういうときは、文字を読む、内容を理解する、想像をするということを頭が拒否している状態だと思う。

面白いこと・興味のあることから文字で読むことをおすすめする。

とはいっても、マンガ本での習得はおすすめしない。

マジックの本は、読書のひとつとしても面白いと思ってもらえると思う。

簡単な本でかまわない。

マジックの本を買ってもいいし、図書館でもいい。

ぜひ読んでみてほしい。

あなたは世界一のマジシャンだ

ＹｏｕＴｕｂｅ、ＴｉｋＴｏｋなどでマジックのタネ明かし動画を見ているといろいろなテクニックがあるのだなぁと感心する。

たとえば、お客様が選んだトランプのカードを当てるマジックがある。

僕がやるカードマジックは、フォーシングというテクニックで、あらかじめ取らせたいカードを取らせるというスタイルだ。

フォーシングにもいろいろなやり方があるのだが、僕の場合、相手の心理・しぐさからその人の特性を瞬時に読み取って、こちらが取らせたいカードを取らせている。

ほとんどの場合、相手は初めて会う方。

カードマジックを始めるまでに、この人は、素直な人なのか、おっとりした人なのか、気が短い人なのか、少し一癖ありそうな人なのかなどを見分ける。

それだけでもなかなか難しいと思う。

僕の場合、このカードマジックが成功して、もう一回同じカードマジックを成功させることもできる。

読者の皆さんも自分がカードを引く人だと思って想像してみてほしい。

一回目、自分が引いたカードをミスターシンが当てる。

そうしたら、二回目はカードを引くときに、

「どうしたらミスターシンの裏をかけるのか」

と考えながら、自分が引くカードを選ぶと思う。

「いちばん端っこを引いてみようか」

「それとも真ん中を引いてみようか」

「一度これと決めた後に、違うカードに変更してみようか」

そんな皆さんの心理も先読みして、僕はカードを何度も当てられる。

僕のマジックを、元雨上がり決死隊のYouTuber宮迫博之さんが見てくれる機会があった。

「あなたは世界一のマジシャンだ」

とメディアで言ってくれたのだ。

彼は、仕事柄、世界中のマジシャンを間近で見てきたから、見るだけでタネがわかってしまうことも多かったのだそうだ。

僕のマジックは、全然タネがわからなかったと言ってくれた。

当然だ。僕のマジックのほとんどは「タネがない」のだから。

通常マジシャンは、マジックをするときに「タネ」か「しかけ」を仕込んでおく。

そうして、

「タネもしかけもありません」

と言いながらマジックをする。

僕のマジックは、タネではなく、「技術」で見せているのだ。

だから、カードマジックならば、自分のトランプでなければできない、ということはない。

他人のトランプでもできる。

宮迫さんはそんな僕の技術に気づいてくれたのだ。そんな宮迫さんの言葉のおかげで、お店に来てくれるお客様も多くなった。

多くのお客様を前にして、カードマジックをしてきた賜物だ。

さまざまなタイプの人にカードを引いてもらうことで、知識以上の技術を磨くことができた。

マジシャンである前に人格者であれ

僕はマジックを教えた人に必ず言っている言葉がある。

「マジシャンである前に人格者であれ」

マジックは他の人が簡単にできないことをやるので、人前でお披露目すると、「おおー！すごい！」と反応をしてくれる。

そうすると、「自分は他の人にはできないことができる」という特別な人感、全能感みたいなものを自分は持っていると勘違いする人も多い。

僕はマジシャンとお客様は対等な関係であると思っている。

むしろお客様のおかげで、思いもよらないマジックが引き出されることもあるから、僕が「何でもできる」というわけではない。

だって、マジシャンが、「これってすごいだろう」と偉そうな態度だったり、カッコをつけたりして、マジックを披露していたら、どう思うか？

「すごい」と思ってもらっても、何か心から楽しめないようなもやもやが残ると思う。すごい技術、すごいマジックを持っているにもかかわらず、お呼びのかからないマジシャンというのもたくさん見てきている。

マジックでコミュニケーションがうまくいっているおかげで、お呼びがかかる。お客様を楽しませることができているということでもある。

お客様と対等ということは、お客様にへりくだる、迎合するということではない。

マジックバーにはいろいろなお客様が来店してくれるので、たまに、「おまえのマジックのタネを必ず暴いてやる！」「このマジックのタネ明かしは……」といって先にすすめさせてくれないお客様もいる。

マジックは超能力ではない。

タネがあるか、あるいは技術でそう見せているかのどちらかなのは当たり前、目の前で起ることを楽しんでほしいだけ。

けれども疑った心では楽しめるわけはない。

そんな人の隣で一緒にマジックを見ている他のお客様はどう感じるのか？

「マジックのやり方を知りたい」

という興味は悪いことではない。

一緒にいる人のことを考えて楽しんでほしいなと思うばかりだ。

最初は、「マジックのやり方を知るよりもこの場を楽しんでくださいね」というようなことを伝えるようにしている。

それでも空気を読めない方がいらっしゃるときは、その方にはお帰りいただくよう、やんわりうながすこともある。

お店に長くいて、お酒を飲んでいただいたほうが、儲けになるので、ありがたいことではあるが、他のお客様の空気を乱すような方には迎合する必要はないと考えている。

マジシャンというと、クールでカッコよくてという人が多いと思う。

僕の目指しているマジシャンは、目の前の人を楽しませるエンターテイナーだ。

そうすると、二枚目キャラより三枚目キャラのほうが、相手にも警戒されず、相手の懐に入りやすくなり、好かれやすくなる。

そうやって、いろいろな人にかわいがってもらうほうが、応援を得やすく、うまくいくのではないかと思っている。

第四章

豊かさを引き寄せるマジック

なぜどこでもマジックをするのか？

僕はステージでないところでもよくマジックをしている。

カフェの店員さんとのコミュニケーションだったり、道端だったり。

電車の中で泣いている子どもにマジックを見せると、驚いて泣きやみ、まわりの人も笑顔になる。

以前、大阪のいろいろな電車内でマジックをして、お客様の反応を見ていたら、路線によって反応が違って面白かった。

とはいえ、同業者に、

「お金をもらっていないところで、なぜマジックを見せるの？　もったいない」

と言われたことがある。

もちろんお金をもらえる場所ではきちんとお金をいただく。

僕の中には、常に、

「人を喜ばせたい」

という気持ちがある。

その場にいる人が喜んでくれることこそ僕の喜びだ。

この気持ちは、二〇代で宝石を売っていたときと変わらない。

あのときも、
目の前にいるお客様を喜ばせたい。

大好きな師匠を喜ばせたい。

という気持ちだけで働いていた。

だから最初は、何百万円と売れているのに、赤字だったり、自分の商品ではなく、師匠の商品が売れていたり、利益にはならないことも多々あった。

しかし、儲けようとだけしていたわけではないことは真実。

人に喜んでもらいたいとシンプルに行動をしていたら、何らかのタイミングで商品が売れるようになった。

そのきっかけは、景気、人のご縁、予測不可能なラッキーなことだったり、いろいろなことがあったりしたとは思う。

ちょっとしたきっかけで大きく飛躍ができたのは、日頃の行動が大事だったのだろうなと今は思う。

それが、僕にとっては「人を喜ばせること」だった。

ちょっとしたチャンスのときにでも、何も見返りを求めなかったこと。

僕が路上などステージ以外のところでマジックを披露することに疑問を持っている同業者は、

・何も見返りがないところでマジックを披露したくない
・マジックを安売りしたくない
・マジックを披露し続けるとネタがなくなる
・マジックのタネを見破られるのが怖い

などさまざまな事情はあるのかもしれない。

しかし、その思いを超えて、相手に何かを提供していくと、何かのきっかけで自分に返ってくるものがあるのだと思う。

その分、他の人のために使っていきたい。

今ではそう思っている。

お金を受け取る力

街中や電車の中で突然マジックを披露するということは、ボランティアをしたいわけではない。

プロならば、報酬をいただくことは当たり前だと思っている。

ただ、中にはマジシャンに限らず、お金を受け取れない状況や人もいる。

マジシャンは、主に出演料、チップの二つの稼ぎがある。

出演料は、マジシャンとして呼ばれなければもらうことができない。

チップは、お客様のお気持ち次第で、となる。

しかし、受け取る側の準備ができていなければいただくことはできない。

戎橋に立っていたときに、そういった力は鍛えられたと思う。

街中でのマジックは、出演料はない。

チップがすべて。

しかもこのチップで当時は生活費をまかなっていたから、とにかく稼がなければならなかった。

一日三〇〇〇円とか五〇〇〇円でも、稼ぐのがとても大変だ。

チップの箱に何も入っていないと、お客様はチップを入れづらいので、あらかじめ一〇〇〇円くらいは入れておく。

そして、どうやったら、チップをもらえるのかを考えてみた。

「マジックがよかったらチップを入れてください」

なんて正直に言ってもお願いしてもお金は入れてもらえない。

マジックの延長で、チップをもらえるよううながしたりすることもあった。

そしてやはりそれに見合うだけの技術と感動を与えることが必要だ。

お客様は期待以上のときにチップを払ってくれる。

だから、常に期待してくれている以上のことを披露したいと思ってやっていた。

期待以上というのは、マジックの技術だけではない。

感動、楽しみ、サービス、接客など、自分が提供するものの中で、お客様の期待をどう作るかが大事だ。

一方で、チップを受け取れないという状況もある。

弟子のゴウがそうだった。

彼は大学を卒業し、会社員になってからも、居酒屋に居合わせたお客様にマジックを披露していた。

そのときにチップをくれようとしたお客様に、

「そんなぁ、けっこうですよ。なんか逆にこちらがあなたのお時間を邪魔したんです……」

と言って受け取っていなかったそうだ。

お客様は、マジックを見て、その価値を認めてくれてお金を差し出しているわけだから、それを断るのは失礼、自分を正面にさらしてマジックをしていないということになると僕は思う。

プロとしての覚悟を持てないなら披露したマジックにもそれが表現されてしまう。

だから、プロとしてマジックを披露するのであれば、堂々とマジックを見せることが必要だ。

自分自身を軽く扱わないことにもつながる。

実際ゴウは、この話題で僕と話してからはチップを差し出された際に、

「ありがとうございます」

と受け取れるようになった。

お金を受け取れるようになると同時に、本業の仕事もうまくいくようになっていった。

皆さんは、お金を受け取れる仕事をしているだろうか？

もし今自分に見合うお金をいただけていないと思うのであれば、どうやったらいただけるのかひとつ考える時間を持ってみるのはどうだろうか？

崖っぷちに立っていたら何でもできるよ

「お金がなかったら生きていけない」

「お金がないから何もできない」

よく耳にする叫びだが、僕はそんなことはないと思っている。


幼少期の貧乏が理由で、おやつをもらったことはない。

しかしおやつを食べたかったから、妹と一緒に鉄くずを集めて、おっちゃんに渡して、お駄賃をもらって買っていた。


僕にとってお金を得ることの原点はここだ。

日銭を稼ぐ手段はたくさんある。

あなたがまだ知らないだけ、あるいはえり好みをしているだけで、違法な手段でないものはたくさんある。

僕は無一文になったとき、決めていたことが、ひとつある。

それは、行政の援助を受けないということだった。

日本には無一文になっても、生活保護という仕組みがある。

しかし僕は絶対に生活保護は受けないようにしようと思っていた。

僕はまだ身体が動いた。

何もしないでお金をもらうことに、生活を慣らしたくなかった。

なんとしても自分で稼ごう。

たとえホームレスになっても生きていく。

そう心に誓っていた。

もし今僕が無一文になって、稼ぐ方法が思いつかないとしたら?

そうしたら、僕のまわりの人に、

「僕ができる稼ぐ方法を教えてください」

と聞きまくるつもりでいた。

なぜなら僕が知らないだけで、他の人が僕の稼ぐ方法を知っているかもしれないからだ。

お金がないときに、

「お金を貸してください」

と言う人がいるけれど、お金を貸してくれと言う前に、

「お金を稼ぐ手段を教えてください」

が本当は先なのではないかと思っている。

身体が動くのなら、やれることはたくさんあるはずなのだ。

「お金がないです。助けてください」

とまわりに言うのが恥ずかしいから、言いたくないと思う人もいるかもしれない。

本当に追いつめられたときなら、そんなことも考えられない。

たとえば、自分が火事の家の中に取り残されたとしたら、

「助けてください」

と大声で叫ぶように、大声を出したら恥ずかしい、今すごいダサい部屋着なのだけれど、どう思われるかなとか思わないはずだ。

そんなことを考えるより、どうやったらここから脱出できるのか、生きのびたいと考えるのなら、必死になる。

本当に崖っぷちに立ったら何でもできる。

だって「生きたい」のだから。

今だったら人手不足なのだから、仕事は探せばある。

ただ、条件が厳しかったり、やりたくない仕事だったりするから、やらない人がいる。

崖っぷちまで立ってはいない。

まだ余裕がある状態なのではないか。

そんな状態で、行政の支援を受けてしまったら、ますます条件が厳しい仕事をすることがつらくなってしまうのではないか。

人間ってラクなほうに行きたくなるものだから。

僕はそのように考えている。

お金を稼ぐために本当に必要なことがある

今振り返ってみると、子どものときに、雪の中でわらにくるまっていたところを助け出されたことや、四十五歳で裸一貫、戎橋でマジックをしてなんとか一日を生きのびてきたことも、なんとかギリギリのところで生きていたような気がする。

それは、必死にもがいたからだと思う。

戎橋の路上に立ってマジックをして、日銭を稼いでいたとき、一晩中マジックをしても、まったく稼げない日もあった。

そうするとどうなるか。

ごはんを食べられなくなる。

あのときはほぼ一日一食のみ。

一食も食べられないときもあった。

だから、体重が二〇キロも減ってしまった。

一日一食とれるかどうかで、毎日を過ごしていたら、いったいどうなるかというと、身体に不調が出てくる。

僕の場合はしょっちゅうめまいがあった。

実際、倒れてしまったときもある。

しかし病院に行くお金もない。

稼がないといけないから、なんとかまた立ち上がって、マジックをしに行っていた。

万が一稼げなくなり短期賃貸マンションにすら住めなくなっても、生きていけるのだ。

最低限一日一食はとれるくらいにはなるだろう。

そう思って必死だった。

そうすると、無一文で食べ物がなくて身体が動けなくなって、どうにもならなくなるという状況にはならなかった。

なぜならどうにもならなくなりそうなとき、手を差し伸べてくれる人がいたからだ。

バーのマスターがお店に呼んでくれてお店でマジックをさせてくれたり、戎橋でマジックをしているときにいつもより多くチップをくれる人がいたり、顔見知りの人が食事をごちそうしてくれたり。

ギリギリのところで、そのとき必要最小限だけ、自分を助けてくれる「何か」がめぐってきた。

だから不思議と本当にどうにもならなくなるということはなかった。

だからといって、今お金がなくて困っている人に、

「必死にもがけよ」

と言うつもりはない。

「必死にもがく」こともつらいということを僕は知っている。

僕だって、毎日苦しかった。

今死んだらラクになるのかなぁ、解放されるのかなぁと思ったことも何十回、何百回もある。

しかしそうならなかったのは、最後の最後で生きていく希望を捨てられなかったから。

家族へのもうしわけなさとまわりの人への感謝があったから。

僕が無一文になってしまったために、大切な娘の成人式に振り袖を準備してあげられなかった。

貧乏が理由ではなく、稼ぎのいいときもあったのに、準備できたはずの振り袖を準備してあげられなかった。

これは今でもずっと悔やんでいる。

そして、僕がごはんを食べたい、思い切り眠りたい、暖かいところで過ごしたい、そういう気持ちよりも、妻や娘を守れるようになりたいという気持ちが強くわき出てきたからだった。

さらに、自分のまわりにいる人たちのために、稼げるようになって恩返しをしたい、そういう感謝の気持ちがあったからこそ、必死でお金を稼ぐためにマジックをしていた。

自分には守るべき人が誰もいないと思っている人もいるかもしれない。

しかし、今まで誰の手も借りずに生きてきた人はいない。

必ず誰かのおかげで自分は今生きのびている。

赤ちゃんのときは当たり前だが、誰かの手がなければ生きていけない。

どんなに最低な親であろうと、もしかしたらネグレクトや虐待の親であろうと、この世に生を与えてくれ、お世話をしてくれた。

だから生きてこられた。

そして今の今だって誰の力も借りないで生きている人などいない。

誰かのおかげで生きている。

そのことに感謝できるかどうか。それが生きる希望になり、必死に何かをやろうとする原動力になりえる。

そうやって必死にもがき続け、前に進もうとしていれば、どうにもならなくなったときにもなんとかなる。

そうやっているうちにしだいにお金がまわってくるのではないだろうか。

成り金はなぜ真のお金持ちになれないのか？

僕は小さい頃、貧乏だったけれど、二十四歳から四十五歳まではそれ相当の金額のお金を稼ぐことはできた。

文字通り、成り金だ。

別に成り金って悪いことではなく、もとはと言えば、将棋の「歩」が「金」になることが語源なのだから。

しかし真のお金持ちになれなかったから、お金を失った。

そして、そのときは、

「お金を稼いでも、持っていかれて失うから、もう嫌だ」

と思っていた。

今思うと、お金を稼ぐ力はあっても、「貧乏人の心」のままだった。

「貧乏人の心」とは、失うことや差し出すことが怖いと思っている気持ち。

そうして、人にだまされたくない、ばかにされたくないと、高級なもので自分のまわりを固める。

いいものは高価だ。

しかし、貧乏人の心を持ったお金持ちは、いいものだから買うのではなく、値段が高いから買う。

僕もいい洋服を着て、大きな家に住んで、ベンツを乗り回していた。

あの頃は、「ベンツという高級な車を買える俺」って思っていた。

そして、自分のためではなく、自分がどう見られるかのためにお金を使っていた。
結局、僕はベンツや洋服や大きな家に振り回されていただけだった。
つまり、お金に振り回されていたのだ。

真のお金持ちの心は持ち合わせていなかった。
今の自分はというと、お金はあってもいいし、なくても生きていけると思っている。
お金にも高級品にも惑わされていない。

目に見えないものを大事にしているか?

読者の皆さんは目に見えないものを信じる?

僕は信じている。

なぜなら、無線ＬＡＮだって、目に見えなくても飛んでいるよね。

テレビやエアコンのリモコンも赤外線でつけたり消したりできる。赤外線の部分をふさいでしまったら、リモコンで操作することができない。

このように身近にたくさんの「目に見えないもの」がある。

そう考えたら、ご先祖様やあの世だって目に見えないけれど、存在していると思える。

僕は小さい頃、道端のお地蔵さんに手を合わせていた。

「お父ちゃん、お母ちゃんが長生きしますように」

これも目に見えないものを信じていたからだと思う。

先祖供養は、四十五歳くらいから本格的におこなうようになった。

「先祖供養」というと、お盆やお彼岸にお墓参りに行ったり、仏前にお花や供物をささげたりすることだけではない。

たとえば、盆踊り。

これはお盆の時期に踊ることで先祖をあの世にお送りする先祖供養のひとつ。

そして、先祖供養は死んだ人間だけに向けておこなうことではない。

生きている間にやれることはやったほうがいい。

そういう意味で、親孝行も先祖供養と同じくらい大事だ。

なぜなら、自分が存在するのはご先祖様がいるから。

自分のご先祖様は、親の代で二人、祖父母の代で四人、一〇代までさかのぼると一〇二四人、二〇代までさかのぼると、一〇〇万人を超える。

この中で誰か一人でも存在しなかったら、自分は今ここに存在しない。

だから先祖供養は自分のためにおこなうことなのだ。

自分のためにおこなう先祖供養によって先祖も喜び、天が応援してくれるようになる。そうすれば、占いや開運グッズはいらなくなる。

目に見えないものが自分を導いてくれるから。

反対に、いくら占いや開運グッズにお金をかけても、先祖供養をしていなければ応援されない。

そのくらい「先祖供養」は大事。先祖を思う気持ちが結局自分に返ってくる。

みんな昔は超能力者だった

僕たちはみんな超能力者だ。テレパシーが使える。使えたはずだ

たとえば、今僕たちは人との待ち合わせで遅刻しそうになってもスマートフォンがあるから困らない。

場合によっては、

「●月▲日■時頃　心斎橋で待ち合わせでいい？

ただ前の予定の終わりがわからないから、終わり次第連絡するね」

というように、流動的な予定でも人と出会うことができる。

では、スマートフォンがない時代はどうだったのか？

家の電話できちんと約束をする。

駅の伝言板を使う。

駅の伝言板、懐かしい。

そうやって人と待ち合わせをしていた。

ではその前は？

戦国時代や江戸時代などは、使者や飛脚、狼煙《のろし》や太鼓、ほら貝なども使われていた。

ただし、これは限られた人の話。

普通の人は、伝達方法がほとんどなかったにもかかわらず、会いたい人に会えていたそうだ。

これこそ、テレパシー（言葉以外のコミュニケーション）の力にほかならない。

動物だってテレパシーを使ってコミュニケーションを取っている。

人間にもテレパシーの能力はある。

ただ人間の場合、その能力は言葉や文明によって退化してしまっただけで、まったく失ったわけではない。

「直感、ひらめき、虫の知らせ、なんとなく」という形でテレパシー能力を使っている。

僕も、お店でお客様の出身地を当てたり、お客様が選んだトランプのカードを一〇回連続で当てたり、マジックではない（つまりタネも技術もない）ことを何度もしたことがある。

皆さん驚かれて、「どんなマジックを使ったのですか？」と聞かれたけれど、僕も説明がつかない。

そして、そういうときは不思議なもので当てようとしているわけではない。

感じたこと、頭に浮かんだことを言っているだけだ。

今も自分のテレパシーの力を引き出す方法は二つあると思っている。

（一）エゴをなくす
自分の思いや思考がないと言ったらいいのか。

先ほどのトランプのカードを当てるときも、「このカードを当てよう」という気持ちはみじんもなく、とにかく頭の中に浮かんだカードを言っているだけだった。

何も思いや思考を入れない状態でイメージできた（ふっと浮かんだ）ときこそよく当たった。

（二）追いつめられたとき
自分が追いつめられて、そのとき人のせいにはせず全部を自身で受け止め、自分でなんとかすると決めると、見えないものが見えたり、違うものを見せてくれたりしたときがあった。

目に見えない力が働いているのかもしれない。

「こんな話、信じられない」

「特別な人のことではないか」

と思う人もいるかもしれない。

しかし、目に見えなくても存在するものは間違いなくここにはあるのだ。

第五章

出会いを変える
マジック

人にはそれぞれ役目がある

マジシャンという職業柄、華やかな世界で日々暮らしていると思われることが多い。
人は華やかな世界で暮らさなければならないかといったらそうではない。
目立つ花もあれば、可憐に咲く花や草だってある。
それぞれに役目があるので、優劣をつけることはできない。
主役の花にならなくてもちゃんと生きている。

一方、人は仕事をしないと生きてはいけない。
仕事の仕は「仕える」という意味だ。
何に仕えるかというと、「自分の心に仕える」ことだと思っている。

つまり、自分を裏切らないこと、自分にうそをつかないこと、自分で決めた約束を守ることだ。

社会で役に立ったり、人のために何かしたりすること、つまり「徳を積む」ことが、人が生きていくうえでの最終目的だと思っている。

徳には陽徳と陰徳があるといい、陽徳は人が見ているところで徳を積むこと、陰徳というのは人知れず徳を積むことだそうだ。

人知れず徳を積んでも、神様がどこかにいて人の心をちゃんと見ているから大丈夫。そして最初はカッコつけでもいい。動機も不純でいい。

ギターをやる子も「女にモテたいから」というきっかけで始まったりするように、「自分のため」から始められればいいと思っている。

動機は不純から始まって、失敗して、「自分は至らなかったな」と思って気づけばいい。

そうして、何度でもやりなおして、最後は人のために何かやろうって思えればいいと思う。

僕は今の環境のように、表に出ている立場をうまく活用していきたい。

今回の出版についても、僕は有名になりたいからではない。

若い頃は自分のためだけに有名になりたかった。

だって貧乏だったから。

お金もほしかったし、いい思いもしたかった。

今は、本を出版して、僕の生き方、考え方を多くの人に知ってもらいたい。

その結果得られる影響力で、特に若い人たちに「やればできる」ということを伝えていきたい。

そして、できればハングリーな気持ちを持っていて、両親に恩返しをしたい、親孝行をしたい、社会で役に立ちたいと思っているリーダーを一〇人でも育てていきたい。そして一〇人のリーダーがそれぞれ一万人のリーダーになったら、十万人の人を救うことができる。そうしたら、加速度的に社会が変わっていくと思う。

今は生きることに精一杯でいい。

自分のことしか考えられなくてもいい。

しかし、自分が今いるのは誰かのおかげ。そう思えるようになったときに、「ミスターシンはこんな思いで伝えてくれていたのだな」と思い出してくれるようなリーダーが、今の世の中の先頭に立ってくれて、誰かに恩を送ろうと輪が広がっていけば、多くの人を救うことができるはずだと思っている。

昔は自分がすべてやらなければと思っていたけれど、今は自分が直接救えなくてもよくて、より多くの人を救えるようになりたい、そういう境地になった。

だから、出版も、テレビ出演も、イベントに呼ばれることも、すべて自分の役割だと思って、六十六歳でもまだやるべきことがあるということを神様が教えてくれていると思っている。

使命を徹底すると何かが変わる

僕の店には、会社の社長さんやお医者さんのように社会的地位が高い方もいらっしゃる。

なぜこのような方たちが来てくれるのか。

皆さんが同じように、「シンさんは人を喜ばせようという気持ちが前面に出ているから」とおっしゃってくださる。

お客様が僕に求めているのは「楽しい時間・空間・経験」だ。

お客様に「楽しかったー!!」と思ってもらうためにマジックやものまね、トークをしている。

お客様が望んでいるもの・ことに全力でこたえようとしているだけだ。

僕の使命は何度も言うように「人を喜ばせる」こと。

使命を忠実に全うしようと思っていると、必要としている人が集まって来ただけのようだ。

「楽しみたい」「喜びたい」と思っていない人は、僕の店には来ない。

もし仮に一度店に来てくれたり、偶然、僕と知り合ったとしても、「楽しみたい」「喜びたい」と思っていない人とのご縁は続かない。

それはそれでいい。

「人を喜ばせたい」という僕の使命を必要としてくれている人とつながることができればいい。

社会的地位の高い会社の社長さんやお医者さんが僕のお店に来るのは、

「何も考えず、笑いたい」

「会社の部下や知り合いを楽しませたい」

という方がとても多い。

常に責任のある仕事をされていて、たまには緊張感のないところに身を置きたい、家族や友人のいないところで、話がしたいと思っている方は意外に多いもの。

そういったニーズに僕や僕のお店がマッチしているのではないかと思う。

その思いに対し、全力でこたえる。

そのために、マジックの練習は何時間もやっている。

誰も見ていないところでマジックをやるだけでなく、そのとき話すセリフ、声や顔の表情、間合い、視線の場所、テンション、手ぶり身ぶりすべてを何度も練習している。
二、三回繰り返すと疲れてしまう。
練習のモチベーションを維持するのも大変だ。おそらく、

「人前で目立ちたい」


だけだったら続かないことだったと思う。

本番にパーフェクトなマジックを人前で披露するのは、練習とは全然違う。どんなときでも披露できなければ、人前でやることはできない。すべては、

「目の前の人を喜ばせたい」

そういう思いが僕の中にあるから、続けられると思っている。

だからこそ、次から次へと、僕を必要としてくれる人が目の前にあらわれてくれるのではないか。

読者の皆さんの使命は何だろうか。
そしてその使命を全うするために貴重な生きる時間を使っているのかな。

「時間＝命」

命を使うこと、それが使命という意味だからね。

落ちぶれた自分を笑っている人がいると思う
真っ赤っ赤の自意識過剰と闘う

四十五歳ですべてを失ったとき、これからマジックで生きていこうと思うしかなかった。
いきなり、どこかのイベントに呼ばれて売れっ子マジシャンになるわけではない。

まずは僕のマジックを見てもらい、僕のことを知ってもらわなければならない。

そこで、昼間はカラオケボックスでマジックの練習をして、夕方から戎橋の路上に立ってひたすらマジックを披露していた。

しかし、人は全然立ち止まって見てくれない。

僕は通る声を持っているので、声をかければ振り返ったり、一瞬立ち止まってくれたりする人もいた。

しかし、じっとマジックを見てはくれない。

それでもマジックをし続けるしかない。

いつまでマジックをし続けるか？

それは日銭が稼げるまで。

自分の前にチップを入れる箱を置いて、マジックをするだけだった。

すぐに一万円稼げる日もあれば、一日中やっているのに、ごはん代も稼げない日もあった。

そうやってマジックをしている間に、知り合いが自分の前を通りがかったりした。

僕がビジネスで成功していた頃に、自分のもとで働いていた人がいい服を着ていい車に乗ってたまたま通り過ぎたりする。

かたや、毎日ほぼ同じ服を着て、やせこけて、日銭を稼ぐ身。

正直、恥ずかしい気持ちでいっぱいだった。

数か月前には自分もいいカッコして、いい車に乗っていたはずなのに、一瞬で立場が変わってしまったわけだ。

僕のこと、どう見ているのだろう？

同情している？

ざまぁみろって思われている？

ああなりたくはないなぁと思われている？

いろいろなことを考えた。

さらに、戎橋でマジックをし続けて、少し有名になると、今度は宴会などのイベントに呼ばれるようになった。

そこでも、以前の部下が社長になっていたりして、出会ったりする。

向こうは、僕が稼いでいた頃のことを知っている。

僕はその人の前でマジックを披露し、チップをもらって生活をしているわけだ。

マジックで少しずつ顔が売れてくると、昔の知り合いに今の自分のことを知られる。

売れっ子になっていればいいけれど、まだそんな状態ではない。
しかし戎橋に立ち続けるしかない。
そう思ってずっとマジックをしていた。

人のことが気になってしょうがない。
落ちぶれた自分を見られている。
どうしようもない恥ずかしさで立ち上がれない。
しかし、人は他人のことをそんなに見ていない。
何か思ったり言ったりする人も、そりゃいるだろう。
自意識過剰って言葉がある。
自分の意識が真っ赤に腫れ上がって痛くてしょうがなかった。

手を差し伸べてくれる人はやはりあらわれない……けれど

常日頃、まわりで困っている人がもし僕に助けを求めてきたら、僕はできるだけ助けたいと思っている。そして実際助けてきた。

四十五歳で無一文になったときに、まわりの人に助けを求めたら、少なくとも僕が助けたことのある人は手を差し伸べてくれると思っていた。

ところが、全然助けてくれなかった。

かつて何百万というお金を貸した人もいた。

全部返せとは言わないけれど、数千円、一万円でも返してくれたらと思っていたが、それすらもなかった。

あんなに助けたのにな

誰も僕のことを助けてくれない

人って冷たい
と思いかけた。

しかし、そんなときまったく別のところから手を差し伸べてくれる人がいた。

僕が昼間にカラオケ店でマジックの練習をしていたある日、そこの店長に呼ばれた。てっきり、カラオケ店に長くいすぎたから出てってくれと言われるのかと思ったら、

「シンさんお金ないんでしょ。

がんばってください。

売れるのを楽しみにしています」

と声をかけてくれて、無料で部屋を貸してくれた。

短期賃貸マンションのオーナーにも、

「応援するわ」

と言われて、家賃を後払いにしてもらえた。

あるときには、戎橋でマジックをしているときに、酒屋さんに黙ってダンボールを取ってき

てダンボールの上でマジックを披露していたら、酒屋さんに「盗っ人！」と怒られた。

しかし、事情を話したら、わかってくれて、むしろダンボールだけでなく、ガムテープも貸してくれるようになって、友だちにも声をかけて見に来てくれた。

カルチャーセンターの理事につないでくれたのも、出入りしていたスイスホテルの人が教えてくれたからだった。

こういった人たちのやさしさには毎回とても泣けてしまっていた。

だからこそ、マジックで有名になりたい、ちゃんとできるようになったところを見せたい、それで恩返しをしたいと思った。

やはり手を差し伸べてくれる人はいる。

とはいっても、自分がかつて助けたから、今度は僕を助けてくれるだろうというような期待をしてはいけない。

自分がやったことは必ず返ってくる。

しかし、まったく別の方面からということを学んだ。

もしあのとき、僕を助けてくれた人が僕に助けを求めてきたら僕は助ける。

しかしそれ以上に、僕のマジックでもっと多くの人たちの役に立ちたい。

僕のマジックをきっかけに、人生が変わる人が出たら、あのとき僕を助けてくれた人のご恩にも報いられると思っている。

ものまねすると発見できる、それはあなたはわたしということを

僕は今までいろいろなものまねをして成長してきた。

芸能人のものまねはもちろんだが、宝石ビジネスでは、師匠や社会的成功者のマネ、マジックはマジシャンのマネだ。

そしてマネをするためには「観察力」が必要になる。どこまで深掘りして観察するのかは、マネする側次第である。

僕にとっては、その人になりきって、その人の持っている特徴・スキル・技術を吸収することだ。

もちろん、法的に無断でマネしていけないものはマネしない。

今いる弟子たちには、どんな人に憧れているかを必ず聞いている。

たとえば、Aさんという人に憧れているとする。

そうしたら、Aさんのどんなところに憧れているのかを聞き、それをマネするように言っている。

憧れというと、ふんわりしていることが多いが、どんなところに憧れるか（具体化）、マネをする（行動）ことで、憧れは憧れではなくなり、自分のものにできると思う。

そうやってものまねしていくと、人は相手の好きなところ、憧れているところは、自分が求めているところ、相手の嫌いなところは自分も持っているところ、ということに気づいてくる。

嫌いなところは、自分が持っているのだけれど、自分も嫌いなところだったりする。

相手を見ていると目についてしまうだけだ。

それに気づくと、嫌だなと思っている相手でも、不思議と受け入れられるようになる。


あなたはわたしであると……。

人の目を見るだけで注目してくれると思うなかれ

僕は小さい頃、人の目を見られなかった。

常におどおどした感じになっていたと思う。

そして高校生になってから、ようやく目立つことができるようになって、人の目を見られるようになった。

しかし、持論として、コミュニケーションでは必ずしも目を見なくてもよいと思っている。


相手の目を見て話をせよ。


とよく言われるけれど、これは、時と場合によると思う。

僕が戎橋でストリートマジックをしている頃のことだ。

どんなに大きな声で呼び止めても、見てくれる人はほとんどいなかった。

しかし、僕と実際に会ったことのある方は、おわかりになると思うけれど、僕の声はよく通る。声を少し張り上げるだけで、遠くの相手でも気づいて立ち止まってくれる。それでも、一度立ち止まってすぐに歩き出す人、止まらず無視する人、声をかけ続けたら立ち止まる人など、さまざまだ。

しかし、マジックをずっと見てはもらえない。

いったい、どうやったら人に見てもらえるのだろう？

そう思いながら、声をかけ続けた。

ある日、戎橋の路上でいつものように声をかけても誰も立ち止まってくれないので、「観客もいないし、マジックの練習しよう」と思って、その場で練習していた。そして気づいたら僕のまわりに、人だかりができたことがあった。

あんなに声をかけていたときには、気づいてもらえなかったのに。

なぜこんなにたくさんの人に見てもらえているの？

ビックリした。

そのとき、気づいたことがある。

マジックを見てもらいたいと思って、通りかかった人の目を見て、声をかけたとしても、マジックは見てもらえない。

なぜなら人は「自分のことを見ている」と感じると「緊張」する。

あなたに向けて、「こちら、マジック、やっているよ」という目線は送る。

しかし相手と目が合って、こちらに気があることがわかっても、その人に向けてマジックはしない。

その人に見てもらいたい、楽しんでもらいたいと思っているけれど、その人にロックオンしてマジックをやると必ず逃げられる。

相手を見ないでマジックをすると、相手は安心して、リラックスしてマジックを見てくれることがわかった。

僕は何のためにマジックをやっているのか？

もちろん生活もかかっているけれど、何より、

「目の前の人に喜んでもらいたい」

と思っているから。

だから目の前の人が緊張するような状態を作らないようにする。

それだけで見てくれる人も増え、楽しんでもらえるのだと思った。
これは時と、状況によるとは思う。

緊張感ある状態の中で話をする必要がある場合、たとえば、ビジネスで商談をしているとき、相手の方になんとか理解してもらいたいと思っているとき、そういうときは、相手の目を見て訴えかけるほうがよい。

相手の目を見たり、目を見ずに話したりするということを、状況に合わせて選択できるようになると、相手とよりいい関係を築けると思っている。

出会いはベストタイミングでやって来る

「シンさんはまわりの人に恵まれていいな」
とよく言われる。しかしね、これまでまわりの人は、いい人ばかりではなかったよって思う。
昔は子どもも大人もいじめてくる人ばかりだったし、
お金は貸しても返ってこないし、
だます人、裏切る人、嫉妬する人……
そういう人だって、まわりにはいる。

だから僕が他の人に比べて、人に恵まれすぎているということはないと思う。

ただ、出会いというのは、誰もがそうだと思うけれど、必要なときに必要な人があらわれる。
歌手のＨＡＲＴＹ《ハーティ》は、北海道日本ハムファイターズ公認応援ソング「Ｗｅ ａｒｅ ＦＩＧＨ

ＴＥＲＳ」や新庄剛志監督プロデュース公認応援歌「％１」を歌って活動している。

彼とは、二〇二三年五月に知り合いの居酒屋「団」のマスターが僕のマジックバーに連れて来てくれてからのつきあいだ。

後から聞いた話では、彼は僕のことを以前から知っていたという。

初めに僕の存在を知ったというのは、十数年前、ＨＡＲＴＹが「ラヂオきしわだ」に出入りしていた頃で、僕の名前がその界隈では有名だったらしい。


しかし、そこでは僕と彼は出会わなかった。

そして、二〇二三年一月、彼はあるイベント会社社長を紹介され、その場に僕の弟子ゴウが居合わせた。

ここでＨＡＲＴＹはゴウから僕のことを聞き、さらに居酒屋「団」のマスターも知っているということで、盛り上がったそうだ。

しかし、ここでも僕とＨＡＲＴＹはまだ出会うことはない。

そして二〇二三年五月に、彼と僕は出会うことになる。

たぶんこの時期が、僕とＨＡＲＴＹが出会う最適のタイミングだったのだろう。

そしてHARTYは二〇二三年十一月五日にチャリティーイベント「岸和田BALL MUSIC PARK」を成功させる。

僕も微力ながらマジックで参加させてもらった。

これが本当にすごかった。

多くの企業や元プロ野球選手の協賛もいただき、成功させたのだ。

これは、HARTYが「子どもたちのために何かをやりたい」という思いがあってこその成功だった。

そして僕がHARTYと出会えたのも、その思いのおかげだったと思っている。

僕とHARTYの出会いの面白いところは、HARTYが十数年前に僕の名前を聞いて、覚えていたからつながった。

こうやって、出会うべくして出会えた。

本書の出版もそう。

シンクロニシティ研究会主宰の越川宗亮代表と僕の共通の知人が「二人を会わせたい」と思って引き合わせてくれた。

その共通の知人も、出版のために僕たち二人を会わせようとしたわけではない。

越川代表と僕が出会い、話をしている中で出版の話が持ち上がったけれど、これがまた別のタイミングだったら、出版の話も進まなかったかもしれない。

そう思うと、出会いというのは本当にすてきで不思議で面白いものだと思う。

そして、この本を通して、あなたと僕も出会っている。これも出会うべくして、出会っているのだと思う。

第六章

人生が変わるマジック

僕は、マジックを見て、人生が変わり、今はマジシャンになった

今、僕はマジックを披露して、それを見てくれた皆さんの人生に貢献する仕事をしている。
僕のマジックを見た人からは以前、このような感想を言われたことがある。

・誰からも笑顔がすてきだと言われるようになった
・子どものおねしょなど問題行動が少なくなった
・恋人ができた
・躁鬱がなおった
・離婚を回避できた

などなどだ。

また、マジックを披露する立場になって、僕自身の人生も変化してきたと思っている。

僕と同様にマジックをする側になったことで、

・コミュニケーション障がい（コミュ障）がなおったように思える
・就職のプレゼンがうまくいき、入社が決まることになった
・世界中で友だちを作ることができた
・営業成績がよくなった
・上司との関係がスムーズになった

などと語る人が数多くいる。

日本中で、次々とミラクルが起こっているみたいだ。

どうやらマジックで、実際のマジック以上に、見た人や披露する側の人へミラクルが起きているようだ。


なぜマジックがミラクルを起こすのかって？

僕のまわりの人たちに起きたミラクルの数々を読んでみてほしい。

マジックでコミュ障克服！

マジックバーをやっていると、お客様のいろいろな悩みを聞くことになる。
その中で多かったことはコミュニケーションの悩みだ。

人と話すことが苦痛
初対面の人とどう話していいのかわからない
話が広がらない・盛り上がらない
空気を読めない発言をしてしまう
などなど。

中には、コミュニケーションが苦手なために対人関係がうまく築けない、社会生活に支障をきたしているといった人もいた。

このような状態に対し、最近では「コミュ障」と言ったりする。

僕はこのコミュ障もマジックで解決できるのになぁと思っている。

つまりマジックができるようになると、コミュニケーションもうまくなると考えている。

僕の弟子Ｔａｋａは僕からマジックを学び、コミュ障を克服。現在アメリカでエンターテイナーを目指している。

Ｔａｋａは音楽大学一年生のとき、家族に連れられて僕のマジックバーに来た。友だちとのつきあいも苦手、人見知りということだった。

「このままじゃあかんで。
もし音楽をやっていくのであれば、
マジックやったら武器になるはずだし、
人見知りもなおるからさ」
と僕の店に来るように伝えた。
アルバイトすらしたことがない子だったので、接客からまずは始めてもらった。

一人っ子でお坊っちゃまで育ったからか、人が使ったおしぼりを触ることも、トイレ掃除もできなかった。

接客させながら、マジックを教え、できるようになったマジックをお客様の前でやらせてみた。

そうすると最初は一分もたたないうちにマジックが終了。

もともと話すのは苦手なＴａｋａ。

マジックをやることに必死で、カードマジックを披露しても、

「ではこの中から、一枚カードを引いてください」

「ありがとうございます」

「この中にそのカードを入れてください」

「シャッフルします」

「あなたの取ったカードはこれです」

とあっさり終了となってしまう。

大阪人ばかりの僕の店でも、彼に対しては、ツッコミづらい雰囲気だった。

Ｔａｋａはお客様から、リアクションをどうしたらもらえるだろうかと、僕のことを観察してみたそうだ。

話し方のトーンを変えてみたり、
しゃべりのスピードに変化をつけてみたり、
マジックをするだけでなく、ジョークを言ってみたり、
ぐいぐい攻めるのではなく、引いてみたり。

観察しマネをしてみたのは、言動だけではなかったそうだ。

僕の言動とお客様の反応を見て、

「こういうときはこういうことをしたらいいんだな」

ということを目で見て学んでいったそうだ。

そうしたら、例のものまね脳の神経細胞が活性化したのか、コミュニケーションを学ぶことにつながったという。

それまでは、相手とどんなふうに話をしたらよいのかがわからなくて、人と話すことが苦手

だと思っていた。

今も人見知りは変わってはいないけれど、彼なりのコミュニケーション方法がわかるようになって、ようやく人と話せるようになった。

現在はアメリカに住んでいて、ミュージカルのオーディションを受けたりしているけれど、オーディションでマジックができると言うと、

「マジックを見せて」

と言われて披露し、そのおかげで出演が決まったり、出演時間が増えたりしていると報告してくれた。

将来の夢はエンターテイナーになること、というＴａｋａ。以前は、オペラ歌手やミュージカルシンガーになりたいと言っていた。

「何のために」を考えたときに、「人を楽しませる人になりたい」と僕と同じように思ったそうだ。「歌う」「踊る」「マジックをする」というのは、「人を楽しませる」ための手段のひとつ。今度は自分のことを見た人が、「人生が変わった」と言ってくれるようになったら嬉しいかなと言っている。

そのために、エンターテイナーになりたいと思っているそうだ。

就職も旅行もマジックでうまくいく！

マジックができると他にもうまくいくことがたくさんある。

弟子ゴウは大学生の頃から僕のマジックバーに通っていた子だ。

就職面接でマジックを披露し、その場で、会社の忘年会でマジックをすることを約束したそうだ。まだ入社していないのに？

そんなゴウとの出会いには、面白いエピソードがある。

ゴウが二〇歳のときに、深夜のバラエティ番組に出演していた僕を見た翌日に、堺で歩いていたら僕とすれ違ったそうだ。

そのとき、

「うわー、昨日テレビに出ていたマジシャンだ」

と思って緊張したらしいが、思い切って声をかけてくれた。

その場で、「マジックバーに行きます！」と約束をしてくれた。

学生の身で、マジックバーに行くのは勇気がいったことだろう。

当時、マジックに興味があるものの、できるようになりたいとは思っていなかった。

しかしバーで本物のマジックを見たら、

「やってみたい」

とトランプを買い、家で練習して僕に見せに来てくれた。

そんなことがきっかけで、マジックを教えてあげるようになった。

就職活動をしているときには、

「面接でもトランプを持っていけよ」

とアドバイスした。履歴書に「特技　マジック」と書いていたら、面接官にきっと、

「マジックできるの？」

と聞かれるから、そこで、

「さすがにちょっと、面接なので、今は持ってきていないのですよ」

と言いながら、

「あれ？　こんなところにトランプ入っていた！（笑）」

とカードを取り出して、マジックを披露しなさいと。

そうしたら面接で質問される時間よりも盛り上がり、就職が決まったという。すべて僕の作戦通り。

今思うと、面接の緊張感たっぷりの中で、いきなりマジックを披露する勇気、その場の空気を変える力を面接官に見てもらえたと言っていた。

特に、その場の空気を変える力は、マジックバーでいつも見せていたことだったので、それをゴウもできるように工夫したことが、役に立ったのではないだろうか。

よく海外に行くゴウは、そのときもマジックに助けられたという。

タクシーに乗ったときに、運転手にマジックを見せたら、

「運賃なしで、いろいろ連れて行ってあげるから、うちの子どもにも（マジックを）見せてほしい」

と言われ、運転手の自宅に行ったりもしたそうだ。

後は、ごはんを食べに行ったお店で、マジックを披露したらチップをもらえて、それでごはん代がまかなえてしまうような、普通にはない経験もできたという。

マジックのすごいところは、世界共通のコミュニケーションツールになるところ。一見、言

葉によって盛り上げているように見えるが、手ぶり身ぶり、表情など、非言語でも作り上げられているので、言葉が通じなくても感動してもらえるのだと思うと言っていた。

また、マジックをすることで一気に相手との距離が縮まり、中学時代にあまり話をしたことがなかった元クラスメートと、社会人になってから再会、マジックをきっかけに仲良くなったという。

今思えば、当時はコミュニケーションの取り方がわからなかったというゴウ。

マジックを盛り上げるために身につけたコミュニケーション術で、相手とうまく話ができるようになった。

そして、マジックがあれば、どんな人とでも、コミュニケーションを取ることができるという自信につながった。

見知らぬ人と、話すことへの苦手意識も少なくなったという。

なぜマジックができるようになるとコミュニケーションがうまくいくのか？

Ｔａｋａやゴウのようにコミュニケーションが苦手、あるいは、何を話そうか悩んでしまうという人は多くいると思う。

コミュニケーションというのは基本的に、

・聞く、聴く力
・話す力（説明する力）
・リアクション

の三つだ。

これが自然とできるようになるのが、マジックだ。

まず、マジックは好奇心をかきたてる。

マジックを見ると、

「このマジックのタネは何だろう？」

「え？　何？」

「もう一度見たい」

と反応がある。

そして自分でもマジックをやってみたいと思ったら、まずはマジックのグッズを買って練習する。

そうしてできるようになると、何か物足りなくなる。

なぜなら、自分がマジックを見て、驚いたように、誰かのリアクションがほしくなるからだ。

そうして、誰かに、

「このマジックを見てもらいたい」

という感情がわいてくる。

これをきっかけに、人との接点を持つことにつながる。

マジックを見てもらって、

「すごいね」

「どうなってるの？」

「面白い」

というような反応が返ってくると楽しくなる。

「もっと盛り上げたい」

そう思うと、マジックのスキルだけでは、足りないことに気づく。

うまくしゃべれるようになったり、無表情にならないよう、表情に気をつけようとしたり、自分で考えるようになる。

さらに、

「どうやったらもっと驚いてもらえるか」

「人を喜ばせたい」

と想像することで、人の心に対して、敏感になり、相手のことをよく見るようになる。

そして、ただ相手を見るだけではなく、相手のことを知ろう、相手の言うことを聞こうとするようになる。

さらに、マジックで盛り上がったら、自分も楽しくなるのがイメージできる。そうなりたいという意欲にもつながる。

つまり、

「マジックで人を驚かせたい」

と思ったら、

・相手に関心を持ち、様子をよく見る、相手の言うことを聞く＝聞く、聴く力
・盛り上げるためにしゃべる＝話す力
・盛り上げるために表情をつける＝リアクション

といったことが自然とできるようになる。

しかも、一生懸命練習してできるようになったマジックで、

「すごいね」

と言われたら、達成感と自信にもつながる。

マジックのために身につけたスキルが、日常のコミュニケーションにもつながる。しかも、言葉が通じなくても、見ただけでわかる非言語コミュニケーションになる。

先のゴウのように、外国でもウケる。

僕は、もっと多くの人にマジックができるようになってもらって、その場の空気を一瞬で変え、コミュニケーションの達人になり、楽しく生きていってほしい、と思っている。

マジックができると人は仕事もできる

マジックができるとコミュニケーションが得意になるだけでなく、仕事もできる人になれると思っている。その根拠は三つある。

・自信がつくから
・コミュニケーション力がつくから
・人を喜ばせる方法がわかるから

実は三つ目がとても大事だ。

人を喜ばせるというのは、「仕事でマジックをして喜ばせる」ということではない。

マジックで盛り上げようとしたときに、どうやってカッコよく見せるか、難しいマジックを見せるかに、意識を向けても盛り上がらない。

なぜかというと、そこに「相手への思い」が存在しないからだ。

もっと具体的に言うと、「目の前の人を喜ばせたい」という気持ちが必要になる。

とてもシンプルなこと。

人って、自分に興味を持ってくれる人には好意を持つ。

たとえば、とある女性のことを好きな男性が二人（Aくん、Bくん）いるとする。

Aくんは、「自分をカッコよく見せる」ことで女性に好きになってもらおうとする。

Bくんは、自分のことより、どうやったら彼女に喜んでもらえるか、「彼女のことを知ろう」

とする。

自分に意識が向いているか、相手に意識を向けているかの違いだ。

これって相手には敏感に感じ取られている。


仕事も同じだ。

多くの仕事は、人間関係の上に成り立っている。

だから、自分の成績や利益を考えていたら、たとえうまく取りつくろえたと思っていても、相手に見透かされていることが多い。

だからうまくいかない。

でもマジックがうまくなると、「目の前の人がどうしたら喜んでくれるのか」と、常に相手へ意識が向いている状態になる。

相手のことが手に取るようにわかるようになるということだ。

そうやって自信がつき、コミュニケーションがうまくなると、言葉と表情が変わってくる。

そして、相手のことがわかるから、一歩踏み出すことができる。

お客様とのやりとりや会社の上司・部下との関係も、自分で壁を作ってしまっているだけのことが多いものだ。

こういった壁を取り払って一歩踏み出してみると、人間関係も変わる。

会社内の人間関係がよくなったり、お客様とうまくコミュニケーションが取れるようになると、仕事ができるようにもなるのは間違いない。

マジックでなくても、人間関係が改善されたり、コミュニケーションがうまくなる方法はたくさんある。

しかし、マジックのすごいところは、
非言語コミュニケーションなので、世界中で使える。

すぐにその場の空気を変えて、相手を笑顔にできる。

だから、相手に早く近づける。

結果、読者の皆さんの武器にきっとなる。

どうです?

マジックをやってみたくなった?

一〇〇円ショップにも、簡単な手品グッズが売られている。

すぐにやってみて、その場の空気を一瞬で変えて、相手の反応と自分の変化を実感してみて！

マジックが起こす本当にあったミラクル

他にも僕の知る限りのことではあるけれど、マジックで起こったミラクルを紹介する。

・子どものおねしょ問題が解決！

僕は幼稚園や保育園に呼ばれてマジックをすることがある。

そうすると、子どもたちの様子が変わる、と後日言われることが多くある。

そのひとつが「子どものおねしょがなくなる」こと。

僕は専門家ではないから、詳しくはわからない。

おねしょの原因のひとつが前頭葉の未発達にあるそうだ。

マジックを見ることで、前頭葉が刺激されて、おねしょがなくなったりするそうだ。

他にも、ケンカがなくなったり、乱暴な言葉が少なくなったりもすることもあるそうだ。

僕が幼少期に養護施設でマジックを見た後、いじめられることがなくなったのも、もしかしたらこのおかげなのかもしれない。

前頭葉おそるべし。

・ウツの奥様が大笑い
ある日、僕のマジックバーにご夫婦がいらっしゃった。その奥様はうつ病をわずらっていた。そのときに僕が、いろいろ話をしながら、マジックをいつものようにやっていた。そのときに僕が、

「失礼ですがウツでしたら、バッティングセンターに行かれてみてください」

と言ったら、ご夫婦二人ともきょとんとしていた。

「だってウツだから、打つ、打てるよー」

と言ったら、奥様は大笑い。

だってこれまで笑うことがなかったから、ご主人もビックリ。

その日は和やかな感じで時間は過ぎた。

驚くのはその翌日。

朝早くにご主人様からお電話をもらった。

「うちのがキッチンで朝ごはんを作っているんですよ」

朝ごはんくらい普通に作るでしょ？　なんでそれだけで驚くの？　と思っていたら、うつ病で今まで何年も朝起きることも、ごはんを作ることもできなかったそうだ。

それがたった一日でごはんを作れるようになった。

そのことにご主人様はビックリしたそうだ。

あの日をきっかけに奥様の様子は変わってきたそうだ。本当に役に立ててよかった。

他にも、僕のマジックを見て、長年引きこもりだった人が、アルバイトの面接に行くことができたり、長年悩まされていた肩の痛みがなくなったり、なぜ起こったかわからないミラクルがマジックで起きたりする。

マジックで本当の自分があらわれてしまう

マジックって本当に面白い。

その人の本性が出る。

なぜなら、マジックを見ていて、驚いたときにこそ無防備になる瞬間があるから。

先の「ウツの奥様が大笑いした話」も大笑いした直接のきっかけは、マジックではなく、僕のくだらないジョークだった。

けれども、その前にマジックで無防備になっていたから、ジョークが心の中にスッと入り、大笑いにつながったのだと思う。


僕は今までたくさんの人を見てきた。

マジックを見た瞬間に発する言葉にこそ、その人の、人となりがあらわれて出てくる。

「えーすごい!!」

「どうなっているの???」

と驚き楽しめる人。

こんな人は、日々の生活の中で楽しみを見つけてご機嫌で過ごせる人。

「どうせマジックってタネがあるからね」

と逆に懐疑的な人。会社や社会でも人を認めない、疑う、自己中心的だったりする人もいる。

あるとき、会社の上司と部下数名でいらっしゃったグループがあり、上司がマジックを見て、

「ミスターシンのマジックを暴いてやる」

と言っていたことがある。

それを聞いていた部下たちが、若干引いて、お店の空気が冷え込んだことがある。

僕は、魔法使いや超能力者ではない。

みんな、それくらいわかっている。

それなのに、それをあえて口に出す人は、まわりへの配慮も足りていない。

後で、部下の人にこっそり聞いたら、その上司は、部下をまったくほめない、あら探しばかりをする人だったそうだ。納得だ。


とあるカップルの面白い話もある。

マジックを見ていたときに、彼女が、

「何かあるに違いない」

と疑っていた。

しかし彼氏は、

「何かあるに決まってるじゃん。でも楽しいからいいじゃない」

と言ったのだけれど、彼女は納得しなかった。

結局、彼氏が、

「楽しもうとしないおまえはおかしい」

と言って、二人はケンカを始めてしまった。

価値観の不一致というのか、そういうことがわかってしまうのかもしれない。

もしパートナーとの相性が気になる人は、ぜひ、僕の店に遊びに来てほしい。

ただし、ケンカになったとしても責任は取れないのでご了承願う！


こういったように、相手のことが見えてしまうマジック。初対面の人には、自己紹介代わりにマジックを披露することもある。

そのときのリアクションで、

「こんな人なのだなあ」

と見えてしまうこともしばしばある。

もう職業病だ。

「シンさんは、初めての人とも仲良くなるのが早い」

とよく言われるけれど、これも最初にマジックで、

「こんな人かな」

というのを想定して、コミュニケーションを取っているからかもしれない。

だからといって、僕と会うときには、

「見破られるかも」

と、どうぞ身構えないでほしい。

僕は、読者の皆さんには、マジックを心から楽しんでほしいだけだから。

マジシャンも想定外のマジックがある

僕のやるマジックには、タネがないものがほとんどだ。

それが奇想天外に見えるように、日々技術を磨いている。

だけれど、やっている僕自身が驚くマジックというのも、ごくまれにあったりする。

たとえば、

・お客様に引いてもらったカードがそのお客様のお誕生日

・目の前の人が「ダイヤの6が好きそう」と思って、ダイヤの6をひっくり返して目の前に置いておいた。それで「何か好きなカードを言って」と言ったら「ダイヤの6」と言われたのでビックリした。「どうやったらできるの？すごい！」と言われたけれど、僕が意図した流れではなかった。

・相手にトランプのカードを一枚引いてもらって、そのカードの「ハートのキング」を覚えてもらって元のカードの山に戻し、シャッフルして何気なく好きに取ってもらったら、「ハートのキング」が出てきてしまった。本当は、一回目に引いてもらったときには別のカードを出して、

「おかしいなぁ」

と言いながら、二回目で「ハートのキング」を引いてもらうように計画していたのに……。それでもう一回カードの山に戻してもらって、再度シャッフルして、カードを無作為に引いてもらったらまた「ハートのキング」が出た。

ちなみに二回連続で同じカードを引く確率は二七〇四分の一だから、すごい確率だよね。

やっている僕も「え？　なんで？」と思っていたりする。

でもそんな感情は一切出さず、初めからできたかのようにふるまっている。

しかしなんでこんなことが起こるのだろう？

これは、みんなのエネルギーのおかげなのかなと思っている。

僕のマジックを見ているみんなが、

「どんなマジックが見れるのだろう？」

「すごい!!」

「面白い!!」


そんな期待や興味を持ってくれると、明らかに場の空気が変わる。

みんなの思いが力強いエネルギーとなって、僕のマジックにミラクルを起こしてくれる。

そのためには、お客様がお店に入って来たときから大切だ。

マジックをするときになって、皆が盛り上がるように準備をするのでは遅い。

僕の場合は、まずお客様がお店に入って来たときから表情を見ている。

もし、表情が暗かったり、ネガティブな様子だったりしたら、それをなくすことを意識する。

マジックを見せるだけで、表情が変わる人もいるかもしれない。

なるべくマジックを見る時点での気持ちを変えてもらうことで、みんながノッてきてくれる。

皆さんもそんなすごいマジックを見てみたいって？

ぜひ僕のマジックバーに来てみてほしい。

そして子どものような好奇心を持ってマジックを楽しんでほしい。

おしゃべりしよう！

おわりに

ピエロのような格好をしたおじさんが新聞を広げる。ただの新聞紙のようだ。
テーブルには水の入ったコップがある。
おじさんは新聞紙を折りたたみ、その中にコップの水を注ごうとする。
見ている僕たち子どもたちは息をのんで見守った。
水がこぼれちゃう。床が水びたしになっちゃう。

コップが空になった。でも新聞紙から水は出てこない。

まわりの子たちが叫ぶ。あれー??　どうしてー??

みんな大騒ぎ。どこで何が起きたのか。
これが僕とマジックの出会いだった。

僕の人生は、マジックを見た日から変わった。

そして、ものまねでみんなに笑ってもらってから変わった。


現在は、マジシャンのミスターシンとして生きている僕。

大阪北新地で「ミスターシンの店」というマジックバーをやっている。

その他に、マジシャンとして、イベントに呼ばれたり、幼稚園や保育園で子どもたちにマジックを見せたりもしている。

「情報ライブ　ミヤネ屋」「松本家の休日」「友近のエンカメ　ＴＨＡＴ'Ｓ　ＥＮＫＡ　ＴＡＩＮＭＥＮＴ」「そこまで言って委員会」などに出演したこともあるし、芸能人の皆さんの目の前で、マジックを披露したりもしている。

長年大阪のラジオ局「ラヂオきしわだ」や「ラジオ大阪ＯＢＣ」で「ミスターシンの魔法の時間」という番組にも出させていただいている。

関西で有名な某健康ランドのＣＭにも出ていたので、街中を歩くと、

「ミスターシンだ！」

と声をかけられる人間にもなった。

とはいえ、僕は若い頃からマジシャンとして活動していたわけではない。

一時は芸能界を目指したこともあったけれど、人生の師匠との出会いにより、宝石ビジネスの道へ。そこではある程度成功も経験した。

しかし、四十五歳のとき、とある出来事から、結果、会社も家も財産もすべてを失い、崖っぷちの状況でこれしかないと、今のこの道に進んだ。

家族はいたけれど、迷惑をかけないように、別居を決意した。文字通り裸一貫から、今度はマジックで成功しようと心に誓い、無我夢中で行動し続けた。

結果、今の自分にたどりついた。


本の話をもらったときにはこんな自分が人様の役に立てるのだろうかと思った。

僕は死ななかった。

死ねなかった。

がむしゃらに生きるきっかけは何だったのか。

なぜがんばれたのか。

そんなことを、今なかなかうまくいかない、これまでつらすぎて力がわかない、自分のカラが破れないと悩んでいる人たちに、この本書を通じて伝えられたら幸いだ。

本書のお話をいただいたシンクロニシティ研究会の越川宗亮代表、ＭＡＰ出版の齊藤はつえ社長、僕を担当してあらゆる話を聞き出してくれた鈴木由紀子さん、編集協力のフリーエディターの小田明美さんありがとう。

本書を書くにあたり、僕のことを話してくれた、

株式会社リゾートライフ　柴山勝也会長

Mecha-Tok 株式会社　倉住強一郎会長

森本英世様

居酒屋「団」マスター　児波昌幸様

ＨＡＲＴＹ様

諸木達夫様

松本たかあき（Ｔａｋａ）、

ゴウ

ありがとうございます。

そして、公私ともに支えてくれている征子さんにも感謝したい。

マジックひとつ、ぜひできるように挑戦してみて！
そしてものまねひとつ、誰でもいいのでできるようにやってみて！
その先に、今までと違う自分に出会えるはずだ。
人生はすばらしい。
人生は楽しい。

二〇二四年七月

ミスター・シン

著者プロフィール
ミスター・シン

ハイレベルなマジックと200人以上のものまねを組み合わせた唯一無二のマジシャン。

「情報ライブ　ミヤネ屋」「そこまで言って委員会」「ミナミの帝王」「奈良健康ランドＣＭ」など多数のラジオ、ＴＶ、ドラマ、映画に出演。何度見ても飽きないマジックと話術に芸能人にもファン多数。ラジオ大阪ＯＢＣにて自身の冠番組「ミスターシンの魔法の時間」（毎週水曜日20時）を持つ（YouTubeにてアーカイブ配信有）。「マジックで救われたからこそ恩返ししたい」と幼稚園や子どもホスピス等での出張マジックショーなど、マジックを通した社会貢献活動も実施。「勇気と感動を捧げたい！」を座右の銘にMr.ビーンやチャップリンのようなエンターテイナーになるために日々、挑戦し続けている。　https://mrshin.jp/

人生はタネとしかけでどうにでもなる!!

マジシャンが教える人生好転術

著　者　　ミスター・シン
2024年9月24日　第1版

発行人　　齊藤晴都惠
発行所　　MAP出版
〒273-0032
千葉県船橋市葛飾町2-380-2　5階
TEL　047-411-9801
メールアドレス　info@map19.com
発売所　　星雲社（共同出版社・流通責任出版社）
〒112-0005
東京都文京区水道1-3-30
TEL 03-3868-3275
印刷・製本　株式会社シナノパブリッシングプレス

ISBN978-4-434-33646-1　C0036
NDC914

MAP出版の本

願いは「もう一人の自分」が叶えてくれる

越川宗亮　著

「もう一人の自分」は、誰の中にも存在し、人知を超える無限の可能性を持つ存在です。その「もう一人の自分」と出会うことで、あなたの人生は驚くほど開け、好転していくことでしょう。本書はあなたの中に眠る「もう一人の自分」を目覚めさせる本です。

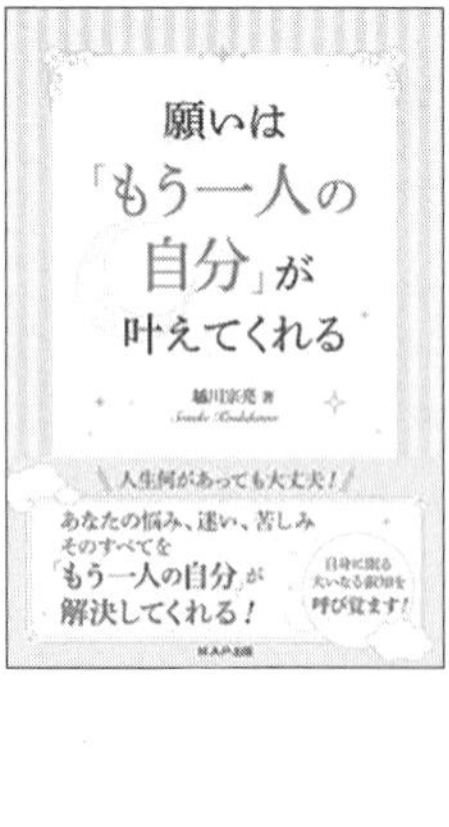

超常戦士ケルマデック

あらゆる人生に奇跡を起こす不思議な物語

ケルマデック　著

シンクロの起こし方、テレパシーの鍛え方、体の意外な治し方から人類進化のカラクリまで、世界の見え方が１８０度変わる覚醒の書―。「この世界は何でもあり！」だとわかる10の話。